❶ 35+4= ☐   ❷ 53+6= ☐   ❸ 24+3= ☐

❹ 63+2= ☐   ❺ 24+5= ☐   ❻ 73+4= ☐

❼ 84+4= ☐   ❽ 72+5= ☐   ❾ 40+9= ☐

❿ 28+1= ☐   ⓫ 11+8= ☐   ⓬ 83+4= ☐

⓭ 15+3= ☐   ⓮ 45+4= ☐   ⓯ 62+4= ☐

⓰ 33+6= ☐   ⓱ 85+3= ☐   ⓲ 12+7= ☐

⓳
```
    5  2
 +     3
 ┌──────┐
 └──────┘
```

⓴
```
    8  3
 +     5
 ┌──────┐
 └──────┘
```

㉑
```
    3  4
 +     4
 ┌──────┐
 └──────┘
```

㉒
```
    6  2
 +     6
 ┌──────┐
 └──────┘
```

㉓
```
    7  0
 +     8
 ┌──────┐
 └──────┘
```

㉔
```
    1  4
 +     2
 ┌──────┐
 └──────┘
```

㉕
```
    4  3
 +     5
 ┌──────┐
 └──────┘
```

자르는 선

1주 (두 자리 수)+(한 자리 수)

월 일

㉗ $64+2=\square$

㉘ $23+3=\square$

㉙ $44+5=\square$

㉚ $54+4=\square$

㉛ $32+5=\square$

㉜ $86+3=\square$

㉝ $81+1=\square$

㉞ $54+2=\square$

㉟ $62+6=\square$

㊱ $11+8=\square$

㊲ $71+7=\square$

㊳ $23+5=\square$

㊴ $23+6=\square$

㊵ $34+3=\square$

㊶ $52+7=\square$

㊷ $12+6=\square$

㊸ $78+1=\square$

㊹ $81+4=\square$

㊺ $\begin{array}{r} 1\ 2 \\ +\ \ \ 6 \\ \hline \square \end{array}$

㊻ $\begin{array}{r} 6\ 2 \\ +\ \ \ 7 \\ \hline \square \end{array}$

㊼ $\begin{array}{r} 4\ 1 \\ +\ \ \ 6 \\ \hline \square \end{array}$

㊽ $\begin{array}{r} 3\ 6 \\ +\ \ \ 3 \\ \hline \square \end{array}$

㊾ $\begin{array}{r} 5\ 2 \\ +\ \ \ 5 \\ \hline \square \end{array}$

㊿ $\begin{array}{r} 3\ 2 \\ +\ \ \ 4 \\ \hline \square \end{array}$

(51) $\begin{array}{r} 7\ 6 \\ +\ \ \ 2 \\ \hline \square \end{array}$

(52) $\begin{array}{r} 4\ 8 \\ +\ \ \ 1 \\ \hline \square \end{array}$

자르는 선

❶ $82 + \boxed{} = 89$ ❷ $72 + \boxed{} = 78$ ❸ $22 + \boxed{} = 25$

❹ $54 + \boxed{} = 59$ ❺ $40 + \boxed{} = 44$ ❻ $31 + \boxed{} = 33$

❼ $26 + \boxed{} = 29$ ❽ $75 + \boxed{} = 76$ ❾ $14 + \boxed{} = 18$

❿ $60 + \boxed{} = 69$ ⓫ $62 + \boxed{} = 67$ ⓬ $81 + \boxed{} = 87$

⓭ $81 + \boxed{} = 88$ ⓮ $31 + \boxed{} = 39$ ⓯ $55 + \boxed{} = 58$

⓰ $45 + \boxed{} = 47$ ⓱ $22 + \boxed{} = 26$ ⓲ $65 + \boxed{} = 69$

⓳
$$\begin{array}{r} 1\ 2 \\ +\ \boxed{} \\ \hline 1\ 4 \end{array}$$

⓴
$$\begin{array}{r} 7\ 0 \\ +\ \boxed{} \\ \hline 7\ 9 \end{array}$$

㉑
$$\begin{array}{r} 2\ 1 \\ +\ \boxed{} \\ \hline 2\ 6 \end{array}$$

㉒
$$\begin{array}{r} 5\ 4 \\ +\ \boxed{} \\ \hline 5\ 8 \end{array}$$

㉓
$$\begin{array}{r} 3\ 2 \\ +\ \boxed{} \\ \hline 3\ 9 \end{array}$$

㉔
$$\begin{array}{r} 1\ 2 \\ +\ \boxed{} \\ \hline 1\ 9 \end{array}$$

㉕
$$\begin{array}{r} 2\ 4 \\ +\ \boxed{} \\ \hline 2\ 8 \end{array}$$

㉖
$$\begin{array}{r} 8\ 5 \\ +\ \boxed{} \\ \hline 8\ 8 \end{array}$$

월 일

㉗ 13+□=18 ㉘ 46+□=49 ㉙ 84+□=86

㉚ 62+□=68 ㉛ 77+□=78 ㉜ 44+□=48

㉝ 46+□=48 ㉞ 31+□=38 ㉟ 70+□=78

㊱ 37+□=38 ㊲ 40+□=49 ㊳ 25+□=28

㊴ 51+□=55 ㊵ 23+□=25 ㊶ 81+□=87

㊷ 32+□=35 ㊸ 62+□=67 ㊹ 41+□=48

㊺
```
  6 4
+   □
-----
  6 7
```

㊻
```
  3 1
+   □
-----
  3 6
```

㊼
```
  6 2
+   □
-----
  6 8
```

㊽
```
  3 5
+   □
-----
  3 7
```

㊾
```
  8 1
+   □
-----
  8 9
```

㊿
```
  5 0
+   □
-----
  5 9
```

(51)
```
  7 2
+   □
-----
  7 9
```

(52)
```
  1 5
+   □
-----
  1 9
```

자르는 선

두 자리 수의 덧셈

❶
```
  2 4
+ 6 4
─────
```

❷
```
  3 8
+ 1 1
─────
```

❸
```
  4 5
+ 3 2
─────
```

❹
```
  5 6
+ 2 3
─────
```

❺
```
  3 8
+ 4 1
─────
```

❻
```
  1 2
+ 7 5
─────
```

❼
```
  2 3
+ 1 3
─────
```

❽
```
  2 7
+ 3 1
─────
```

❾
```
  4 1
+ 5 4
─────
```

❿
```
  5 3
+ 2 3
─────
```

⓫
```
  1 6
+ 5 2
─────
```

⓬
```
  3 2
+ 1 2
─────
```

⓭
```
  4 6
+ 3 1
─────
```

⓮
```
  7 5
+ 1 2
─────
```

⓯
```
  3 4
+ 3 2
─────
```

⓰
```
  2 3
+ 2 2
─────
```

⓱
```
  5 2
+ 2 4
─────
```

⓲
```
  1 3
+ 1 2
─────
```

⓳
```
  2 1
+ 6 6
─────
```

⓴
```
  3 5
+ 3 4
─────
```

자르는 선

㉑
```
    4 2
  + 3 7
```

㉒
```
    5 1
  + 1 1
```

㉓
```
    3 5
  + 2 2
```

㉔
```
    2 3
  + 6 2
```

㉕
```
    4 6
  + 1 3
```

㉖
```
    8 5
  + 1 4
```

㉗
```
    2 6
  + 7 2
```

㉘
```
    3 5
  + 3 1
```

㉙
```
    2 5
  + 2 1
```

㉚
```
    3 3
  + 4 3
```

㉛
```
    4 2
  + 2 4
```

㉜
```
    5 4
  + 2 3
```

㉝
```
    3 4
  + 2 4
```

㉞
```
    5 5
  + 1 2
```

㉟
```
    2 5
  + 3 3
```

㊱
```
    1 9
  + 4 0
```

㊲
```
    5 4
  + 3 2
```

㊳
```
    6 4
  + 2 3
```

㊴
```
    1 8
  + 7 1
```

㊵
```
    3 1
  + 1 5
```

자르는 선

①
$$\begin{array}{r} \square\,2 \\ +\ 3\,\square \\ \hline 7\ 7 \end{array}$$

②
$$\begin{array}{r} \square\,7 \\ +\ 4\,\square \\ \hline 8\ 9 \end{array}$$

③
$$\begin{array}{r} \square\,4 \\ +\ 3\,\square \\ \hline 6\ 6 \end{array}$$

④
$$\begin{array}{r} \square\,5 \\ +\ 5\,\square \\ \hline 7\ 8 \end{array}$$

⑤
$$\begin{array}{r} 5\,\square \\ +\ \square\,1 \\ \hline 7\ 6 \end{array}$$

⑥
$$\begin{array}{r} 2\,\square \\ +\ \square\,4 \\ \hline 6\ 7 \end{array}$$

⑦
$$\begin{array}{r} 1\,\square \\ +\ \square\,7 \\ \hline 6\ 8 \end{array}$$

⑧
$$\begin{array}{r} 4\,\square \\ +\ \square\,1 \\ \hline 6\ 9 \end{array}$$

⑨
$$\begin{array}{r} \square\,4 \\ +\ 5\,2 \\ \hline 9\,\square \end{array}$$

⑩
$$\begin{array}{r} \square\,7 \\ +\ 2\,1 \\ \hline 4\,\square \end{array}$$

⑪
$$\begin{array}{r} \square\,4 \\ +\ 6\,3 \\ \hline 9\,\square \end{array}$$

⑫
$$\begin{array}{r} \square\,2 \\ +\ 4\,4 \\ \hline 9\,\square \end{array}$$

⑬
$$\begin{array}{r} 1\,\square \\ +\ 1\,3 \\ \hline \square\,5 \end{array}$$

⑭
$$\begin{array}{r} 2\,\square \\ +\ 5\,2 \\ \hline \square\,3 \end{array}$$

⑮
$$\begin{array}{r} 4\,\square \\ +\ 3\,1 \\ \hline \square\,6 \end{array}$$

⑯
$$\begin{array}{r} 5\,\square \\ +\ 3\,7 \\ \hline \square\,9 \end{array}$$

⑰
$$\begin{array}{r} 2\,3 \\ +\ 1\,\square \\ \hline \square\,5 \end{array}$$

⑱
$$\begin{array}{r} 6\,8 \\ +\ 2\,\square \\ \hline \square\,9 \end{array}$$

⑲
$$\begin{array}{r} 3\,5 \\ +\ \square\,3 \\ \hline 8\,\square \end{array}$$

⑳
$$\begin{array}{r} 6\,2 \\ +\ \square\,6 \\ \hline 9\,\square \end{array}$$

㉑
```
   6 □
 +   □ 1
─────────
   8 8
```

㉒
```
   4 □
 + □ 4
─────────
   9 7
```

㉓
```
   3 □
 + □ 7
─────────
   6 9
```

㉔
```
   2 □
 + □ 1
─────────
   3 9
```

㉕
```
   □ 4
 + 2 □
─────────
   6 9
```

㉖
```
   □ 5
 + 7 □
─────────
   9 8
```

㉗
```
   □ 2
 + 2 □
─────────
   5 9
```

㉘
```
   □ 1
 + 5 □
─────────
   9 2
```

㉙
```
   6 □
 + □ 5
─────────
   7 7
```

㉚
```
   3 □
 + □ 8
─────────
   8 9
```

㉛
```
   2 □
 + □ 6
─────────
   3 8
```

㉜
```
   6 □
 + □ 5
─────────
   8 6
```

㉝
```
   □ 7
 + 5 □
─────────
   6 9
```

㉞
```
   □ 3
 + 5 □
─────────
   7 6
```

㉟
```
   □ 7
 + 8 □
─────────
   9 9
```

㊱
```
   □ 4
 + 5 □
─────────
   9 5
```

㊲
```
   3 6
 + □ 3
─────────
   5 □
```

㊳
```
   6 7
 + 2 □
─────────
   □ 8
```

㊴
```
   □ □
 + 4 3
─────────
   9 7
```

㊵
```
   8 1
 + □ □
─────────
   9 5
```

자르는 선

❶ $77-2=$ ☐   ❷ $47-4=$ ☐   ❸ $66-5=$ ☐

❹ $38-6=$ ☐   ❺ $25-3=$ ☐   ❻ $53-1=$ ☐

❼ $28-8=$ ☐   ❽ $69-7=$ ☐   ❾ $49-9=$ ☐

❿ $87-6=$ ☐   ⓫ $39-5=$ ☐   ⓬ $98-7=$ ☐

⓭ $55-4=$ ☐   ⓮ $89-8=$ ☐   ⓯ $28-6=$ ☐

⓰ $35-4=$ ☐   ⓱ $42-2=$ ☐   ⓲ $76-1=$ ☐

⓳
$$\begin{array}{r} 9\ 9 \\ -\ \ \ 5 \\ \hline \end{array}$$

⓴
$$\begin{array}{r} 5\ 4 \\ -\ \ \ 3 \\ \hline \end{array}$$

㉑
$$\begin{array}{r} 8\ 8 \\ -\ \ \ 6 \\ \hline \end{array}$$

㉒
$$\begin{array}{r} 3\ 9 \\ -\ \ \ 4 \\ \hline \end{array}$$

㉓
$$\begin{array}{r} 6\ 9 \\ -\ \ \ 8 \\ \hline \end{array}$$

㉔
$$\begin{array}{r} 5\ 8 \\ -\ \ \ 2 \\ \hline \end{array}$$

㉕
$$\begin{array}{r} 9\ 9 \\ -\ \ \ 9 \\ \hline \end{array}$$

㉖
$$\begin{array}{r} 7\ 3 \\ -\ \ \ 2 \\ \hline \end{array}$$

월 일

㉗ $85-3=\square$

㉘ $99-9=\square$

㉙ $57-3=\square$

㉚ $49-7=\square$

㉛ $38-6=\square$

㉜ $88-1=\square$

㉝ $24-4=\square$

㉞ $44-2=\square$

㉟ $75-3=\square$

㊱ $97-2=\square$

㊲ $27-3=\square$

㊳ $48-7=\square$

㊴ $66-5=\square$

㊵ $87-2=\square$

㊶ $76-2=\square$

㊷ $38-4=\square$

㊸ $49-7=\square$

㊹ $98-5=\square$

㊺ $\begin{array}{r} 96 \\ -\ \ 3 \\ \hline \square \end{array}$

㊻ $\begin{array}{r} 58 \\ -\ \ 7 \\ \hline \square \end{array}$

㊼ $\begin{array}{r} 74 \\ -\ \ 1 \\ \hline \square \end{array}$

㊽ $\begin{array}{r} 83 \\ -\ \ 2 \\ \hline \square \end{array}$

㊾ $\begin{array}{r} 44 \\ -\ \ 4 \\ \hline \square \end{array}$

㊿ $\begin{array}{r} 68 \\ -\ \ 5 \\ \hline \square \end{array}$

(51) $\begin{array}{r} 93 \\ -\ \ 3 \\ \hline \square \end{array}$

(52) $\begin{array}{r} 38 \\ -\ \ 6 \\ \hline \square \end{array}$

자르는 선

두 자리 수의 뺄셈

① 　8 7
　− 4 4
　□□

② 　6 9
　− 4 3
　□□

③ 　8 7
　− 5 6
　□□

④ 　8 8
　− 3 2
　□□

⑤ 　4 9
　− 1 6
　□□

⑥ 　7 6
　− 1 5
　□□

⑦ 　7 8
　− 3 4
　□□

⑧ 　5 9
　− 2 8
　□□

⑨ 　8 8
　− 5 6
　□□

⑩ 　9 8
　− 6 2
　□□

⑪ 　8 7
　− 4 5
　□□

⑫ 　5 9
　− 2 0
　□□

⑬ 　4 9
　− 2 2
　□□

⑭ 　6 7
　− 2 4
　□□

⑮ 　3 9
　− 1 8
　□□

⑯ 　5 6
　− 2 5
　□□

⑰ 　5 6
　− 1 5
　□□

⑱ 　8 2
　− 6 2
　□□

⑲ 　7 9
　− 3 7
　□□

⑳ 　6 8
　− 1 5
　□□

㉑
```
   3 5
 - 1 3
```

㉒
```
   4 4
 - 2 2
```

㉓
```
   5 9
 - 1 5
```

㉔
```
   6 8
 - 4 4
```

㉕
```
   7 5
 - 3 1
```

㉖
```
   4 7
 - 2 4
```

㉗
```
   3 9
 - 1 1
```

㉘
```
   5 7
 - 3 2
```

㉙
```
   8 6
 - 4 3
```

㉚
```
   9 6
 - 1 2
```

㉛
```
   7 8
 - 4 5
```

㉜
```
   6 9
 - 3 3
```

㉝
```
   7 8
 - 5 3
```

㉞
```
   8 2
 - 5 1
```

㉟
```
   9 7
 - 2 4
```

㊱
```
   5 9
 - 3 3
```

㊲
```
   3 8
 - 1 0
```

㊳
```
   4 7
 - 1 3
```

㊴
```
   7 5
 - 5 2
```

㊵
```
   8 9
 - 2 8
```

자르는 선

❶
```
  □ 2
-  2 □
─────
  6 1
```

❷
```
  □ 9
-  3 □
─────
  1 8
```

❸
```
  □ 4
-  4 □
─────
  4 1
```

❹
```
  □ 2
-  1 □
─────
  4 1
```

❺
```
  7 □
-  □ 3
─────
  1 5
```

❻
```
  6 □
-  □ 2
─────
  2 4
```

❼
```
  6 □
-  □ 2
─────
  1 7
```

❽
```
  9 □
-  □ 4
─────
  2 0
```

❾
```
  □ 5
-  4 □
─────
  4 1
```

❿
```
  □ 5
-  4 □
─────
  3 3
```

⓫
```
  □ 9
-  2 □
─────
  6 8
```

⓬
```
  □ 9
-  5 □
─────
  2 2
```

⓭
```
  4 □
-  □ 6
─────
  1 3
```

⓮
```
  6 □
-  □ 4
─────
  2 3
```

⓯
```
  8 □
-  □ 7
─────
  3 1
```

⓰
```
  7 □
-  □ 2
─────
  3 3
```

⓱
```
  □ 5
-  1 □
─────
  5 1
```

⓲
```
  9 □
-  □ 2
─────
  4 6
```

⓳
```
  3 □
-  □ 5
─────
  1 3
```

⓴
```
  □ 5
-  1 □
─────
  2 3
```

㉑
$$\begin{array}{r} \square\,3 \\ -\ 6\,\square \\ \hline 1\ 1 \end{array}$$

㉒
$$\begin{array}{r} \square\,7 \\ -\ 3\,\square \\ \hline 1\ 5 \end{array}$$

㉓
$$\begin{array}{r} \square\,8 \\ -\ 3\,\square \\ \hline 3\ 7 \end{array}$$

㉔
$$\begin{array}{r} \square\,2 \\ -\ 2\,\square \\ \hline 6\ 1 \end{array}$$

㉕
$$\begin{array}{r} 6\,\square \\ -\ \square\,7 \\ \hline 3\ 2 \end{array}$$

㉖
$$\begin{array}{r} 9\,\square \\ -\ \square\,2 \\ \hline 1\ 3 \end{array}$$

㉗
$$\begin{array}{r} 5\,\square \\ -\ \square\,1 \\ \hline 2\ 7 \end{array}$$

㉘
$$\begin{array}{r} 9\,\square \\ -\ \square\,8 \\ \hline 3\ 1 \end{array}$$

㉙
$$\begin{array}{r} \square\,7 \\ -\ 6\,5 \\ \hline 1\ \square \end{array}$$

㉚
$$\begin{array}{r} \square\,9 \\ -\ 4\,8 \\ \hline 3\ \square \end{array}$$

㉛
$$\begin{array}{r} \square\,6 \\ -\ 2\,2 \\ \hline 3\ \square \end{array}$$

㉜
$$\begin{array}{r} \square\,8 \\ -\ 3\,6 \\ \hline 3\ \square \end{array}$$

㉝
$$\begin{array}{r} 4\,\square \\ -\ 2\,6 \\ \hline \square\ 2 \end{array}$$

㉞
$$\begin{array}{r} 5\,\square \\ -\ 1\,7 \\ \hline \square\ 1 \end{array}$$

㉟
$$\begin{array}{r} 8\,\square \\ -\ 2\,9 \\ \hline \square\ 0 \end{array}$$

㊱
$$\begin{array}{r} 9\,\square \\ -\ 5\,4 \\ \hline \square\ 3 \end{array}$$

㊲
$$\begin{array}{r} 5\,9 \\ -\ \square\,6 \\ \hline 3\ \square \end{array}$$

㊳
$$\begin{array}{r} 9\,8 \\ -\ \square\,7 \\ \hline 2\ \square \end{array}$$

㊴
$$\begin{array}{r} 8\,5 \\ -\ 3\,\square \\ \hline \square\ 1 \end{array}$$

㊵
$$\begin{array}{r} 6\,2 \\ -\ 4\,\square \\ \hline \square\ 0 \end{array}$$

자르는 선

❶
$$37+21=\boxed{58}$$
$$21+37=\boxed{58}$$
$$58-21=\boxed{37}$$
$$58-37=\boxed{21}$$

❷
$$73+11=\boxed{}$$
$$11+73=\boxed{}$$
$$84-11=\boxed{}$$
$$84-73=\boxed{}$$

❸
$$44+30=\boxed{}$$
$$30+44=\boxed{}$$
$$74-30=\boxed{}$$
$$74-44=\boxed{}$$

❹
$$25+24=\boxed{}$$
$$24+25=\boxed{}$$
$$49-24=\boxed{}$$
$$49-25=\boxed{}$$

❺
$$56+13=\boxed{}$$
$$13+56=\boxed{}$$
$$69-13=\boxed{}$$
$$69-56=\boxed{}$$

❻
$$21+16=\boxed{}$$
$$16+21=\boxed{}$$
$$37-16=\boxed{}$$
$$37-21=\boxed{}$$

⑦
49 + ☐ = 69
20 + ☐ = 69
69 − ☐ = 49
69 − ☐ = 20

⑧
22 + ☐ = 94
72 + ☐ = 94
94 − ☐ = 72
94 − ☐ = 22

⑨
53 + ☐ = 68
15 + ☐ = 68
68 − ☐ = 53
68 − ☐ = 15

⑩
50 + ☐ = 87
37 + ☐ = 87
87 − ☐ = 50
87 − ☐ = 37

⑪
66 + ☐ = 88
22 + ☐ = 88
88 − ☐ = 66
88 − ☐ = 22

⑫
31 + ☐ = 59
28 + ☐ = 59
59 − ☐ = 31
59 − ☐ = 28

자르는 선

정 답

1주 (두 자리 수)+(한 자리 수) — 1~2쪽

①39 ②59 ③27 ④65 ⑤29 ⑥77 ⑦88 ⑧77 ⑨49 ⑩29 ⑪19 ⑫87
⑬18 ⑭49 ⑮66 ⑯39 ⑰88 ⑱19 ⑲55 ⑳88 ㉑38 ㉒68 ㉓78 ㉔16
㉕48 ㉖89 ㉗66 ㉘26 ㉙49 ㉚58 ㉛37 ㉜89 ㉝82 ㉞56 ㉟68 ㊱19
㊲78 ㊳28 ㊴29 ㊵37 ㊶59 ㊷18 ㊸79 ㊹85 ㊺18 ㊻69 ㊼47 ㊽39
㊾57 ㊿36 (51)78 (52)49

2주 문해결 덧셈 (1) — 3~4쪽

①7 ②6 ③3 ④5 ⑤4 ⑥2 ⑦3 ⑧1 ⑨4 ⑩9 ⑪5 ⑫6
⑬7 ⑭8 ⑮3 ⑯2 ⑰4 ⑱4 ⑲2 ⑳9 ㉑5 ㉒4 ㉓7 ㉔7
㉕4 ㉖3 ㉗5 ㉘3 ㉙2 ㉚6 ㉛1 ㉜4 ㉝2 ㉞7 ㉟8 ㊱1
㊲9 ㊳3 ㊴4 ㊵2 ㊶6 ㊷3 ㊸5 ㊹7 ㊺3 ㊻5 ㊼6 ㊽2
㊾8 ㊿9 (51)7 (52)4

3주 두 자리 수의 덧셈 — 5~6쪽

①8, 8 ②4, 9 ③7, 7 ④7, 9 ⑤7, 9 ⑥8, 7 ⑦3, 6 ⑧5, 8 ⑨9, 5 ⑩7, 6 ⑪6, 8 ⑫4, 4
⑬7, 7 ⑭8, 7 ⑮6, 6 ⑯4, 5 ⑰7, 6 ⑱2, 5 ⑲8, 7 ⑳6, 9 ㉑79 ㉒62 ㉓57 ㉔85
㉕59 ㉖99 ㉗98 ㉘66 ㉙46 ㉚76 ㉛66 ㉜77 ㉝58 ㉞67 ㉟58 ㊱59
㊲86 ㊳87 ㊴89 ㊵46

4주 문해결 덧셈 (2) — 7~8쪽

①4, 5 ②4, 2 ③3, 2 ④2, 3 ⑤5, 2 ⑥3, 4 ⑦1, 5 ⑧8, 2 ⑨4, 6 ⑩2, 8 ⑪3, 7 ⑫5, 6
⑬2, 2 ⑭1, 7 ⑮5, 7 ⑯2, 8 ⑰2, 3 ⑱1, 8 ⑲5, 8 ⑳3, 8 ㉑7, 2 ㉒3, 5 ㉓2, 3 ㉔8, 1
㉕4, 5 ㉖2, 3 ㉗3, 7 ㉘4, 1 ㉙2, 1 ㉚1, 5 ㉛2, 1 ㉜1, 2 ㉝1, 2 ㉞2, 3 ㉟1, 2 ㊱4, 1
㊲2, 9 ㊳1, 8 ㊴5, 4 ㊵1, 4

5주 (두 자리 수)-(한 자리 수) — 9~10쪽

①75 ②43 ③61 ④32 ⑤22 ⑥52 ⑦20 ⑧62 ⑨40 ⑩81 ⑪34 ⑫91
⑬51 ⑭81 ⑮22 ⑯31 ⑰40 ⑱75 ⑲94 ⑳51 ㉑82 ㉒35 ㉓61 ㉔56
㉕90 ㉖71 ㉗82 ㉘90 ㉙54 ㉚42 ㉛32 ㉜87 ㉝20 ㉞42 ㉟72 ㊱95
㊲24 ㊳41 ㊴61 ㊵85 ㊶74 ㊷34 ㊸42 ㊹93 ㊺93 ㊻51 ㊼73 ㊽81
㊾40 ㊿63 (51)90 (52)32

6주 두 자리 수의 뺄셈 — 11~12쪽

①4, 3 ②2, 6 ③3, 1 ④5, 6 ⑤3, 3 ⑥6, 1 ⑦4, 4 ⑧3, 1 ⑨3, 2 ⑩3, 6 ⑪4, 2 ⑫3, 9
⑬2, 7 ⑭4, 3 ⑮2, 1 ⑯3, 1 ⑰4, 1 ⑱2, 0 ⑲4, 2 ⑳5, 3 ㉑22 ㉒22 ㉓44 ㉔24
㉕44 ㉖23 ㉗28 ㉘25 ㉙43 ㉚84 ㉛33 ㉜36 ㉝25 ㉞31 ㉟73 ㊱26
㊲28 ㊳34 ㊴23 ㊵61

7주 문해결 뺄셈 — 13~14쪽

①8, 1 ②4, 1 ③8, 3 ④5, 1 ⑤8, 6 ⑥6, 4 ⑦9, 5 ⑧4, 7 ⑨8, 4 ⑩7, 2 ⑪8, 1 ⑫7, 7
⑬9, 3 ⑭7, 4 ⑮8, 5 ⑯5, 4 ⑰6, 4 ⑱8, 5 ⑲8, 2 ⑳3, 2 ㉑7, 2 ㉒4, 2 ㉓6, 1 ㉔8, 1
㉕9, 3 ㉖5, 8 ㉗8, 3 ㉘9, 6 ㉙7, 2 ㉚7, 1 ㉛5, 4 ㉜6, 2 ㉝8, 2 ㉞8, 4 ㉟9, 6 ㊱7, 4
㊲2, 3 ㊳7, 1 ㊴4, 5 ㊵2, 2

8주 두 자리 수의 덧셈과 뺄셈 — 15~16쪽

①58, 58, 37, 21 ②84, 84, 73, 11 ③74, 74, 44, 30 ④49, 49, 25, 24
⑤69, 69, 56, 13 ⑥37, 37, 21, 16 ⑦20, 49, 20, 49 ⑧72, 22, 22, 72
⑨15, 53, 15, 53 ⑩37, 50, 37, 50 ⑪22, 66, 22, 66 ⑫28, 31, 28, 31

사고셈

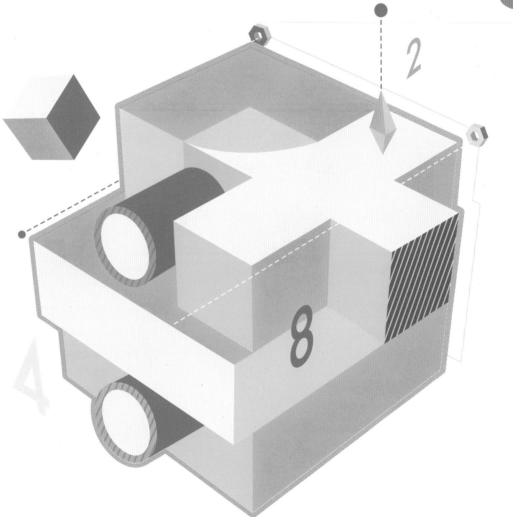

초등1 4호

이 책의 구성과 특징

생각의 힘을 키우는 사고(思考)셈은 1주 4개, 8주 32개의 사고력 유형 학습을 통해 수와 연산에 대한 개념의 응용력(추론 및 문제해결능력)을 키울 수 있도록 하였습니다.

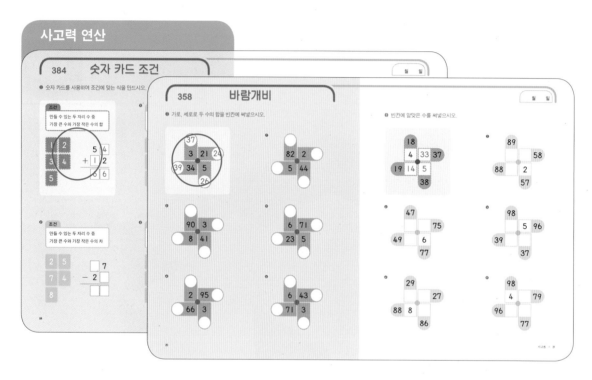

✦ 대표 사고력 유형으로 연산 원리를 쉽게쉽게
✦ 1~4일차: 다양한 유형의 주 진도 학습

잘 공부했는지 알아봅시다.

✦ 5일차 점검 학습: 주 진도 학습 확인

○ 권두부록 (기본연산 Check-Book)

기본연산 Check-Book

1주 (두 자리 수)+(한 자리 수)

- 35+4=☐   • 53+6=☐   • 24+3=☐
- 63+2=☐   • 24+5=☐   • 73+4=☐
- 84+4=☐   • 72+5=☐   • 40+9=☐
- 28+1=☐   • 11+8=☐   • 83+4=☐
- 15+3=☐   • 45+4=☐   • 62+4=☐
- 33+6=☐   • 85+3=☐   • 12+7=☐

```
  5 2      8 3      3 4      6 2
+   3    +   5    +   4    +   6
_____   _____   _____   _____
```

```
  7 0      1 4      4 3      8 7
+   8    +   2    +   5    +   2
_____   _____   _____   _____
```

1주 (두 자리 수)+(한 자리 수)   월 일

- 64+2=☐   • 23+3=☐   • 44+5=☐
- 54+4=☐   • 32+5=☐   • 86+3=☐
- 81+1=☐   • 54+2=☐   • 62+6=☐
- 11+8=☐   • 71+7=☐   • 23+5=☐
- 23+6=☐   • 34+3=☐   • 52+7=☐
- 12+6=☐   • 78+1=☐   • 81+4=☐

```
  1 2      6 2      4 1      3 6
+   6    +   7    +   6    +   3
_____   _____   _____   _____
```

```
  5 2      3 2      7 6      4 8
+   5    +   4    +   2    +   1
_____   _____   _____   _____
```

⊕ 본 학습 전 기본연산 실력 진단

○ 권말부록 (G-Book)

Guide Book(정답 및 해설)

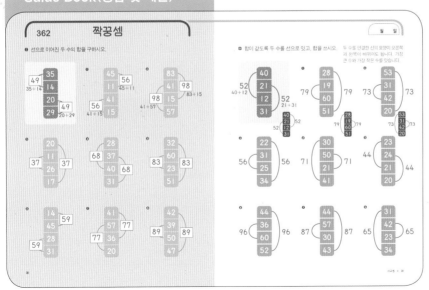

362   짝꿍셈

⊕ 문제와 답을 한 눈에!

⊕ 상세한 풀이와 친절한 해설, 답

학습 효과 및 활용법

········ ◢ 학습 효과

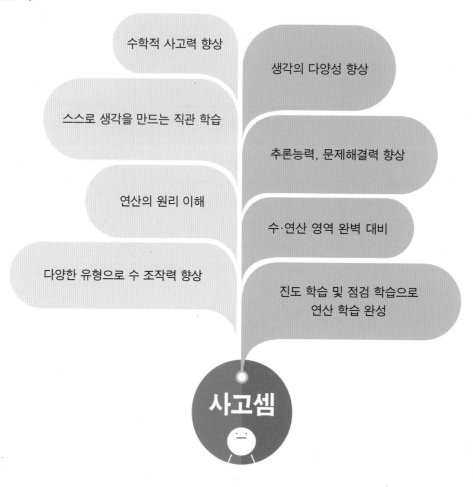

수학적 사고력 향상

생각의 다양성 향상

스스로 생각을 만드는 직관 학습

추론능력, 문제해결력 향상

연산의 원리 이해

수·연산 영역 완벽 대비

다양한 유형으로 수 조작력 향상

진도 학습 및 점검 학습으로
연산 학습 완성

사고셈

········ ◢ 주차별 활용법

1단계

기본연산
Check-Book으로
준비 학습

2단계

사고력 유형으로
진도 학습

3단계

마무리 문제로
점검 학습

1단계 : 기본연산 Check-Book으로 사고력 연산을 위한 준비 학습을 합니다.
2단계 : 사고력 유형으로 사고력 연산의 진도 학습을 합니다.
3단계 : 한 주마다 점검 학습(잘 공부했는지 알아봅시다)으로 사고력 향상을 확인합니다.

학습 구성

6세

1호	10까지의 수
2호	더하기 빼기 1과 2
3호	합이 9까지인 덧셈
4호	한 자리 수의 뺄셈과 세 수의 계산

7세

1호	한 자리 수의 덧셈과 뺄셈
2호	10 만들기
3호	50까지의 수
4호	더하기 빼기 1과 2, 10과 20

초등 1

1호	덧셈구구
2호	뺄셈구구와 덧셈, 뺄셈 혼합
3호	100까지의 수, 1000까지의 수
4호	받아올림, 받아내림 없는 두 자리 수의 계산

초등 2

1호	두 자리 수와 한 자리 수의 덧셈과 뺄셈
2호	두 자리 수의 덧셈과 뺄셈
3호	곱셈구구
4호	곱셈과 나눗셈 구구

초등 3

1호	세·네 자리 수의 덧셈과 뺄셈
2호	분수와 소수의 기초
3호	두 자리 수의 곱셈과 나눗셈
4호	분수

초등 4

1호	분수의 덧셈과 뺄셈
2호	혼합 계산
3호	소수의 덧셈과 뺄셈
4호	어림하기

이 책의 학습 로드맵

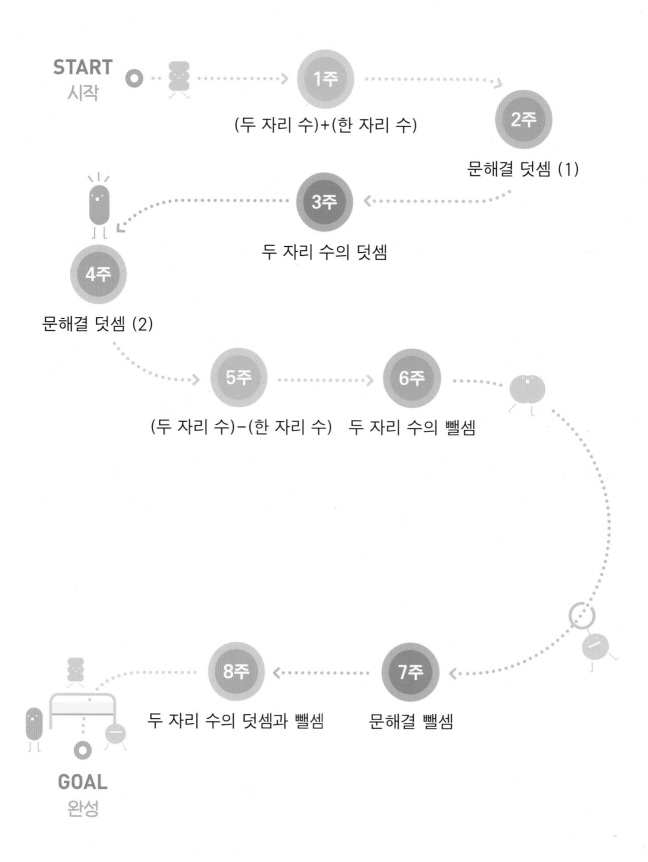

START
시작

1주
(두 자리 수)+(한 자리 수)

2주
문해결 덧셈 (1)

3주
두 자리 수의 덧셈

4주
문해결 덧셈 (2)

5주
(두 자리 수)−(한 자리 수)

6주
두 자리 수의 뺄셈

7주
문해결 뺄셈

8주
두 자리 수의 덧셈과 뺄셈

GOAL
완성

1 (두 자리 수) +(한 자리 수)

353 수 모형 덧셈

● 그림을 보고 □ 안에 알맞은 수를 써넣으시오.

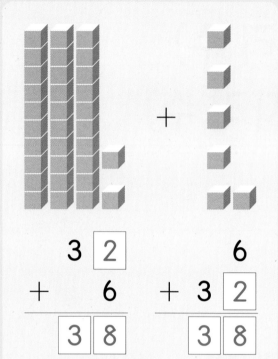

```
  3 2        6
+   6     + 3 2
─────     ─────
  3 8       3 8
```

❶

```
  □        □ 4
+ □ 4     +   □
─────     ─────
 □ □       □ □
```

❷

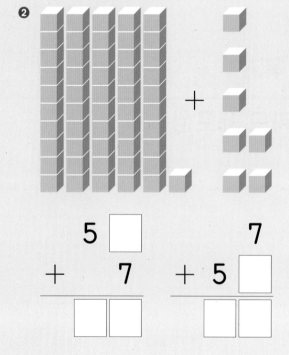

```
  5 □        7
+   7     + 5 □
─────     ─────
 □ □       □ □
```

❸

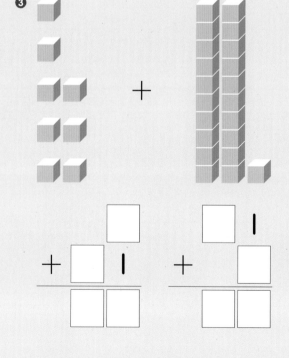

```
  □        □ 1
+ □ 1     +   □
─────     ─────
 □ □       □ □
```

8

✛ □ 안에 알맞은 수를 써넣으시오.

$$43 + 5 = \boxed{48}$$
$$5 + 43 = \boxed{48}$$

❶
$$77 + 2 = \boxed{}$$
$$2 + 77 = \boxed{}$$

❷
$$84 + 3 = \boxed{}$$
$$3 + 84 = \boxed{}$$

❸
$$31 + 7 = \boxed{}$$
$$7 + 31 = \boxed{}$$

❹
$$56 + 2 = \boxed{}$$
$$2 + 56 = \boxed{}$$

❺
$$64 + 1 = \boxed{}$$
$$1 + 64 = \boxed{}$$

❻
$$25 + 4 = \boxed{}$$
$$4 + 25 = \boxed{}$$

❼
$$93 + 3 = \boxed{}$$
$$3 + 93 = \boxed{}$$

❽
$$41 + 8 = \boxed{}$$
$$8 + 41 = \boxed{}$$

❾
$$72 + 5 = \boxed{}$$
$$5 + 72 = \boxed{}$$

갈림길

● 계산에 맞게 빈칸에 알맞은 수를 써넣으시오.

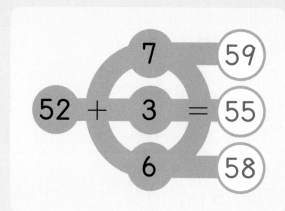

$$52 + \begin{array}{c} 7 \\ 3 \\ 6 \end{array} = \begin{array}{c} 59 \\ 55 \\ 58 \end{array}$$

❶
$$40 + \begin{array}{c} 9 \\ 3 \\ 8 \end{array} = \begin{array}{c} \bigcirc \\ \bigcirc \\ \bigcirc \end{array}$$

❷
$$70 + \begin{array}{c} 7 \\ 6 \\ 2 \end{array} = \begin{array}{c} \bigcirc \\ \bigcirc \\ \bigcirc \end{array}$$

❸
$$31 + \begin{array}{c} 5 \\ 8 \\ 4 \end{array} = \begin{array}{c} \bigcirc \\ \bigcirc \\ \bigcirc \end{array}$$

❹
$$84 + \begin{array}{c} 2 \\ 4 \\ 3 \end{array} = \begin{array}{c} \bigcirc \\ \bigcirc \\ \bigcirc \end{array}$$

❺
$$63 + \begin{array}{c} 5 \\ 3 \\ 6 \end{array} = \begin{array}{c} \bigcirc \\ \bigcirc \\ \bigcirc \end{array}$$

⊕ 계산에 맞게 선을 그으시오.

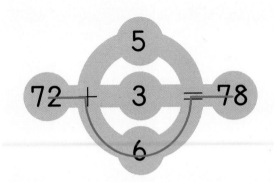

①

$$50 + 9 = 55$$
3
5

②

$$23 + 5 = 28$$
6
4

③

$$33 + 3 = 39$$
5
6

④

$$36 + 3 = 37$$
2
1

⑤

$$45 + 2 = 47$$
4
6

⑥

$$91 + 9 = 99$$
8
7

⑦

$$12 + 2 = 14$$
7
6

두 수 묶기

● ● 안의 수가 합이 되는 두 수를 찾아 ▭ 또는 ▯ 를 그리시오.

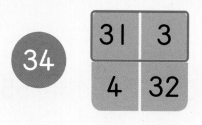

34 31 3 / 4 32

❶ 76 70 2 / 6 73

❷ 28 21 6 / 5 23

❸ 59 51 8 / 7 50

❹ 97 94 5 / 2 92

❺ 83 80 2 / 3 82

❻ 36 31 5 / 4 30

❼ 45 42 4 / 5 41

❽ 89 86 2 / 4 85

❾ 77 74 3 / 5 71

✛ ● 안의 수가 합이 되는 두 수를 찾아 ▭ 또는 ▯를 그리시오.

78

5	71	6
74	4	73

❶ 66

62	5	60
3	61	7

❷ 99

94	4	95
2	92	3

❸ 47

45	2	46
1	43	3

❹ 39

8	30	6
31	5	32

❺ 84

80	1	82
2	81	3

❻ 54

5	50	3
52	6	51

❼ 73

71	4	70
1	72	2

❽ 66

5	61	3
60	7	62

❾ 25

24	3	23
1	20	4

숫자 카드 세로셈

● 주어진 숫자 카드를 모두 사용하여 덧셈식을 완성하시오.

[보기] 카드: 3, 8, 7

```
  7 3
+   5
-----
  7 8
```

❶ 카드: 4, 7, 1

```
  □ □
+   □
-----
  4 8
```

❷ 카드: 1, 6, 9

```
  6 □
+   8
-----
  □ □
```

❸ 카드: 7, 8, 3

```
  □ □
+   5
-----
  7 □
```

❹ 카드: 8, 4, 2

```
  8 □
+   □
-----
  □ 6
```

❺ 카드: 4, 7, 1

```
  □ 6
+   □
-----
  4 □
```

❻ 카드: 3, 5, 7

```
  □ 4
+   □
-----
  5 □
```

❼ 카드: 2, 1, 6

```
  6 □
+   □
-----
  □ 3
```

✚ 주어진 숫자 카드를 모두 사용하여 덧셈식을 만드시오.

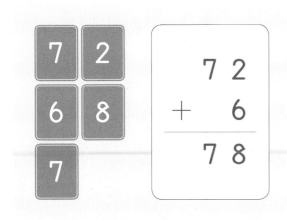

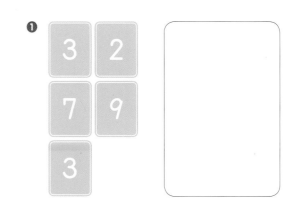

❶

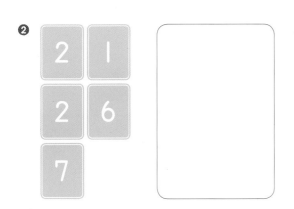

❷

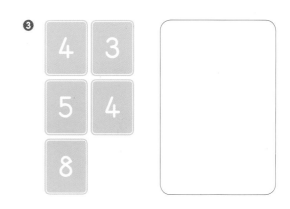

❸

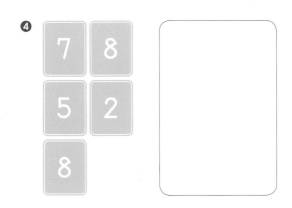

❹

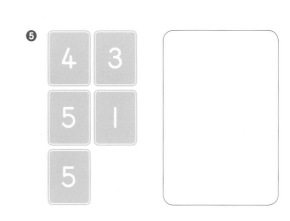

❺

잘 공부했는지 알아봅시다

1 그림을 보고 □ 안에 알맞은 수를 써넣으시오.

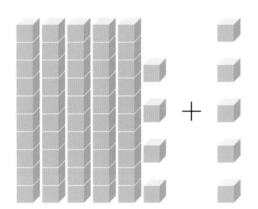

2 계산에 맞게 선을 그으시오.

❶

$$61 + 4 = 68$$
7
5

❷

$$34 + 3 = 37$$
1
2

3 ● 안의 수가 합이 되는 두 수를 찾아 ▭ 또는 ▯ 를 그리시오.

78

73	4	72
2	75	3

2

문해결 덧셈 (1)

이층 덧셈

● 빈칸에 알맞은 수를 써넣으시오.

+2	31	74	27	46
	33	76	29	48

①

+3	44	25	80	34

②

+1	18	86	94	71

③

+4	32	45	63	23

④

+5	72	42	13	90

⑤

+2	45	30	27	15

⑥

+6	41	63	71	52

⑦

+7	32	31	40	72

⑧

+3	50	35	91	84

⑨

+4	25	43	72	63

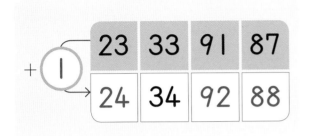

빈칸에 알맞은 수를 써넣으시오.

(예시) $+1$

23	33	91	87
24	34	92	88

① $+$

14	30	81	63
	35		

② $+$

32	82	44	90
		47	

③ $+$

43	72	61	24
47			

④ $+$

42	72	53	61
			67

⑤ $+$

34	81	54	62
	83		

⑥ $+$

42	21	73	94
47			

⑦ $+$

41	20	31	72
			79

⑧ $+$

20	61	80	41
		88	

⑨ $+$

26	36	86	50
	39		

바람개비

● 가로, 세로로 두 수의 합을 빈칸에 써넣으시오.

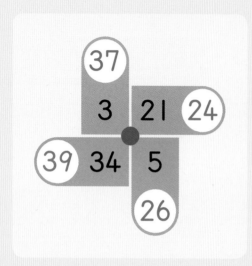

❶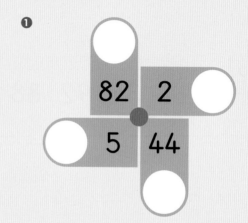

❷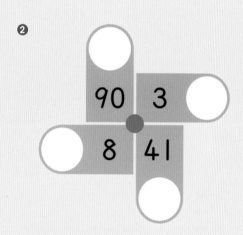

❸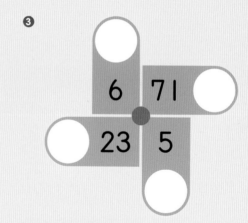

❹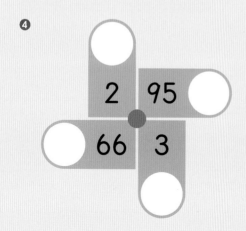

❺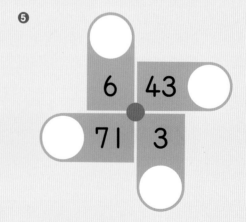

✚ 빈칸에 알맞은 수를 써넣으시오.

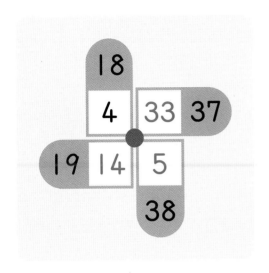

①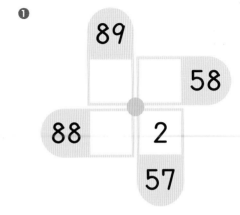

②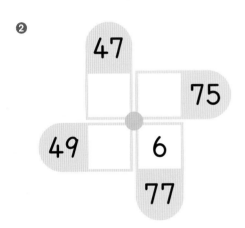

③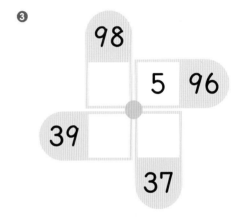

④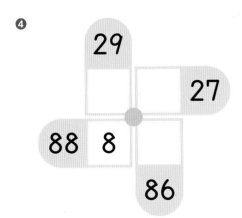

⑤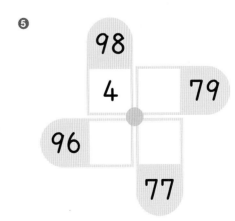

벌집셈

● 벌집 안 두 수의 합을 빈칸에 써넣으시오.

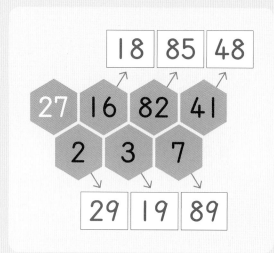

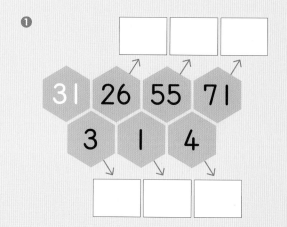

❶

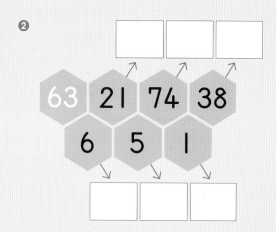

❷

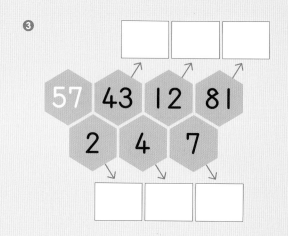

❸

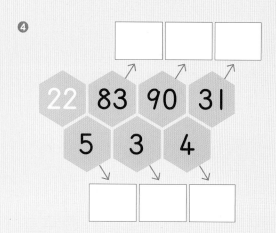

❹

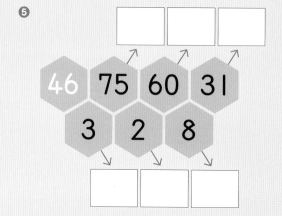

❺

✚ 벌집 안 두 수의 합에 맞게 알맞은 수를 빈칸에 써넣으시오.

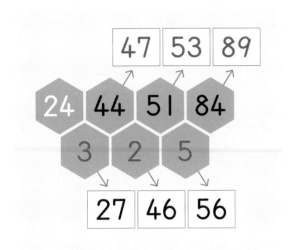

❶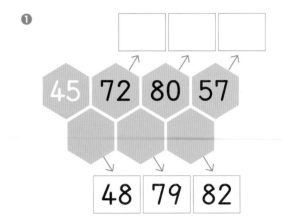

❷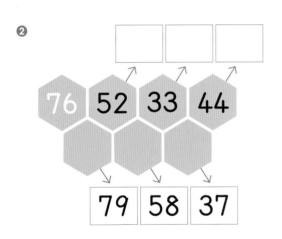

❸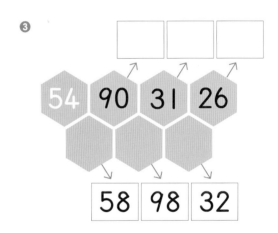

❹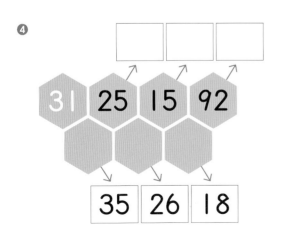

❺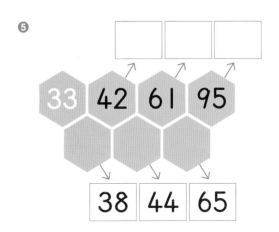

매트릭스

● 가로, 세로로 두 수씩 더하여 빈칸에 알맞은 수를 써넣으시오.

7	61		68
30		4	34
	2	43	45
37	63	47	+

1

72	4		
	34	5	
3		64	
			+

2

	81	5	
42	7		
3		62	
			+

3

	43	4	
8		21	
90	6		
			+

4

5		31	
	50	7	
91	8		
			+

5

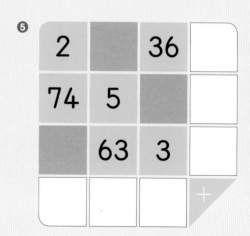

2		36	
74	5		
	63	3	
			+

⊕ 빈칸에 알맞은 수를 써넣으시오.

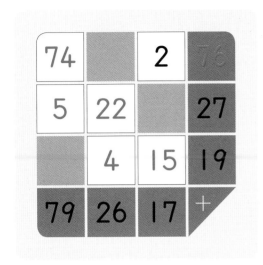

❶

			29
			84
		46	49
25	89		+

❷

			48
		5	
			56
93	59	49	+

❸

		2	43
			79
76	47	97	+

❹

			78
	1		62
35	74	69	+

❺

		25	28
			78
			86
84	79		+

잘 공부했는지 알아봅시다

1 빈칸에 알맞은 수를 써넣으시오.

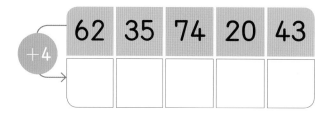

2 벌집 안 두 수의 합을 빈칸에 써넣으시오.

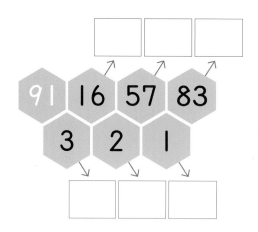

3 가로, 세로로 두 수씩 더한 합을 이용하여 빈칸에 알맞은 수를 써넣으시오.

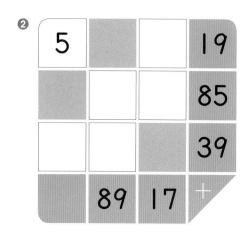

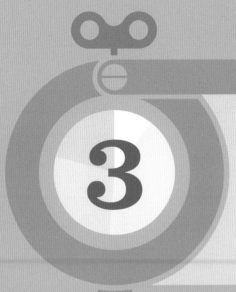

3 두 자리 수의 덧셈

동전 모형 덧셈

● 그림을 보고 □ 안에 알맞은 수를 써넣으시오.

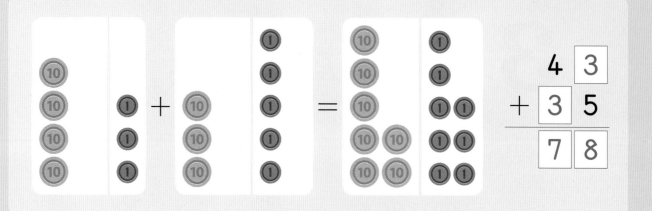

$$
\begin{array}{r}
4\;3 \\
+\;3\;5 \\
\hline
7\;8
\end{array}
$$

❶

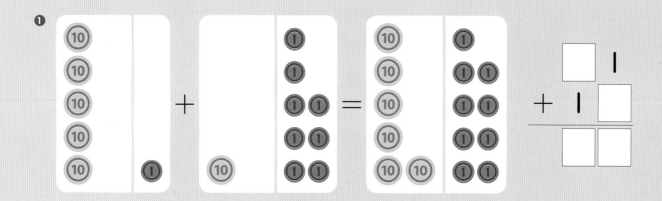

$$
\begin{array}{r}
\boxed{}\;1 \\
+\;1\;\boxed{} \\
\hline
\boxed{}\;\boxed{}
\end{array}
$$

❷

$$
\begin{array}{r}
4\;\boxed{} \\
+\;\boxed{}\;6 \\
\hline
\boxed{}\;\boxed{}
\end{array}
$$

✚ 세로셈으로 고쳐 계산하시오.

24+15= 39

```
  2 4
+ 1 5
  3 9
```

❶ 35+24=

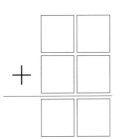

❷ 71+18=

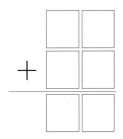

❸ 32+56= 　　❹ 22+64= 　　❺ 82+17=

❻ 33+24=

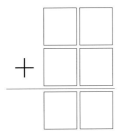

❼ 11+62=

❽ 54+14=

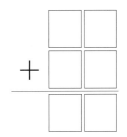

짝꿍셈

● 선으로 이어진 두 수의 합을 구하시오.

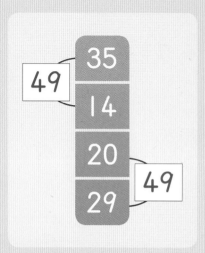

❶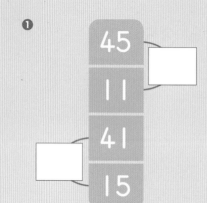

❷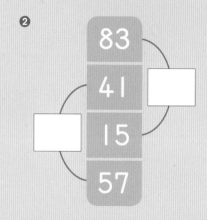

❸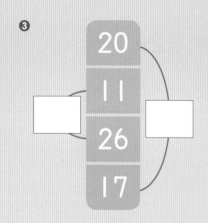

❹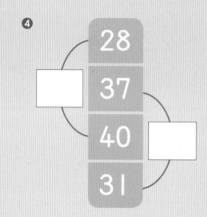

❺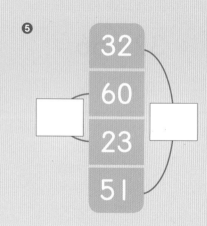

❻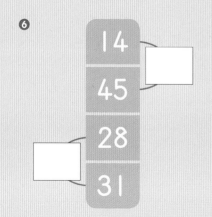

❼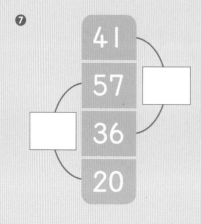

❽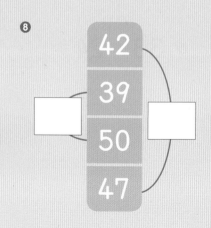

合이 같도록 두 수를 선으로 잇고, 합을 쓰시오.

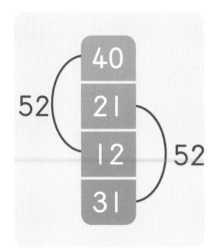

❶
28
19
60
51

❷
53
31
42
20

❸
22
31
25
34

❹
30
50
21
41

❺
23
24
21
20

❻
44
36
60
52

❼
44
57
30
43

❽
31
42
23
34

과녁셈

● 화살이 꽂힌 부분의 수의 합을 가운데 ○ 안에 써넣으시오.

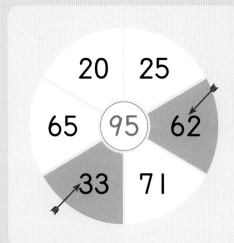

❶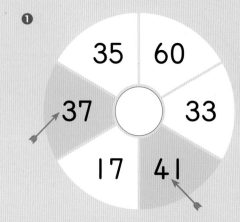

❷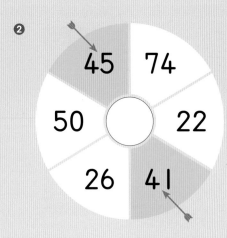

❸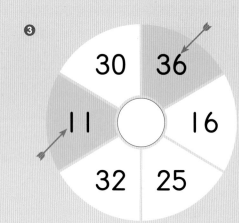

❹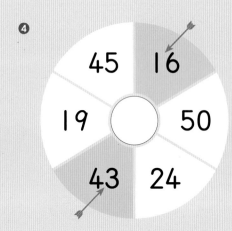

❺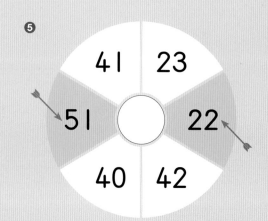

수의 합이 가운데 수가 되도록 두 수를 골라 ○표 하시오.

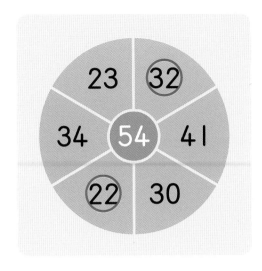

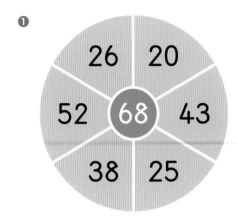

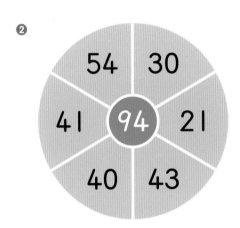

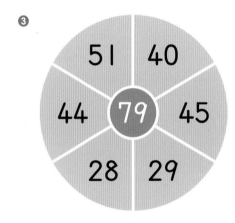

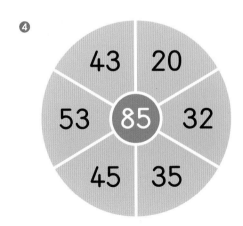

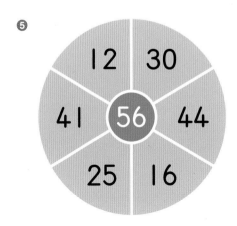

숫자 카드 벌레셈

● 숫자 카드를 모두 한 번씩 사용하여 덧셈식을 완성하시오.

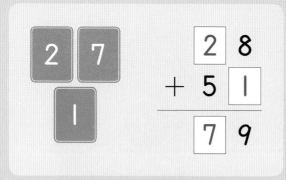

$$\begin{array}{r} 2\ 8 \\ +\ 5\ 1 \\ \hline 7\ 9 \end{array}$$

❶ 2 8
   7

$$\begin{array}{r} 1\ \square \\ +\ \square\ 4 \\ \hline \square\ 6 \end{array}$$

❷ 6 1
   8

$$\begin{array}{r} 3\ \square \\ +\ \square\ 7 \\ \hline 9\ \square \end{array}$$

❸ 1 7
   2

$$\begin{array}{r} \square\ 5 \\ +\ 4\ \square \\ \hline 5\ \square \end{array}$$

❹ 1 9
   7

$$\begin{array}{r} \square\ 4 \\ +\ 2\ \square \\ \hline \square\ 5 \end{array}$$

❺ 5 3
   6

$$\begin{array}{r} 2\ \square \\ +\ \square\ 3 \\ \hline 7\ \square \end{array}$$

❻ 5 7
   3

$$\begin{array}{r} 5\ \square \\ +\ \square\ 2 \\ \hline 8\ \square \end{array}$$

❼ 6 2
   9

$$\begin{array}{r} \square\ 3 \\ +\ 4\ \square \\ \hline 6\ \square \end{array}$$

⊕ 숫자 카드를 모두 한 번씩 사용하여 덧셈식을 완성하시오.

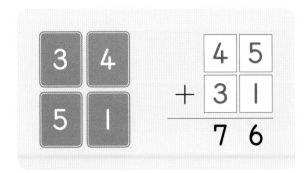

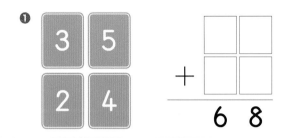

❶

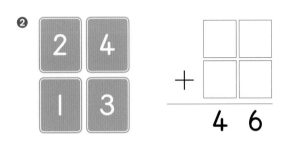

❷

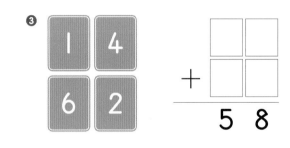

❸

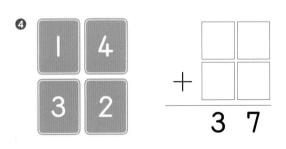

❹

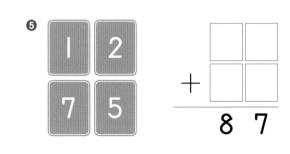

❺

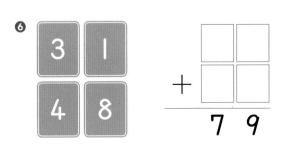

❻

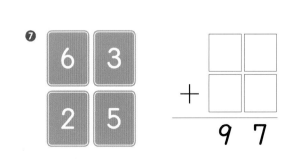

❼

1 그림을 보고 □ 안에 알맞은 수를 써넣으시오.

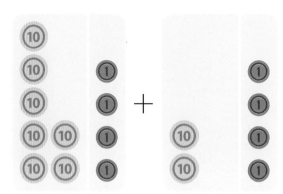

$$74+24=\boxed{}$$

2 다음 두 수의 합이 **67**이 되도록 □ 안에 알맞은 수를 써넣으시오.

3 수의 합이 가운데 수가 되도록 두 수를 골라 ◯표 하시오.

❶

13   70

14   **86**   71

83   16

❷

35   18

27   **49**   22

30   13

4 문해결 덧셈 (2)

덧셈 상자

● 빈칸에 알맞은 수를 써넣으시오.

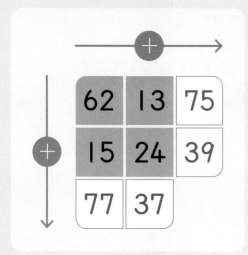

❶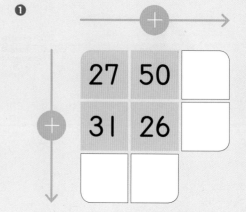

❷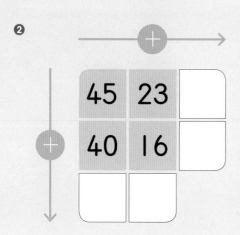

❸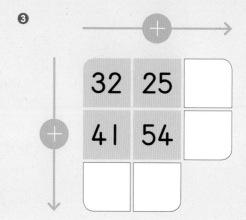

❹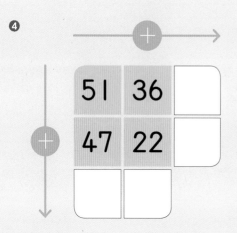

❺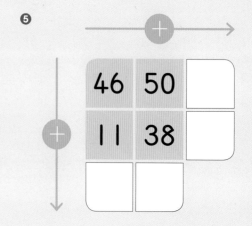

⊕ 빈칸에 알맞은 수를 써넣으시오.

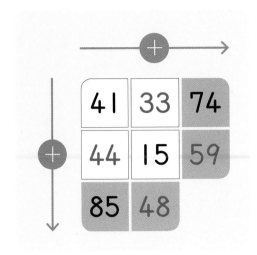

❶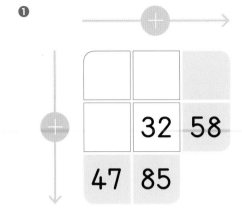

❷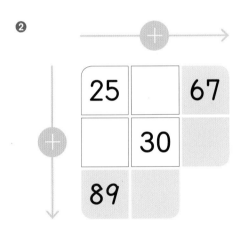

❸

❹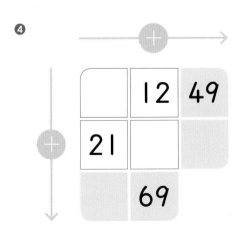

❺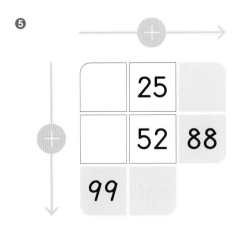

수 카드 완성

● 수 카드 중 두 장을 사용하여 식을 완성하시오.

| 14 | 13 | 31 | 20 |

$$13 + 31 = 44$$

❶

| 51 | 15 | 23 | 44 |

$$\boxed{} + \boxed{} = 67$$

❷

| 32 | 43 | 33 | 41 |

$$\boxed{} + \boxed{} = 75$$

❸

| 24 | 40 | 35 | 18 |

$$\boxed{} + \boxed{} = 59$$

❹

| 23 | 16 | 13 | 10 |

$$\boxed{} + \boxed{} = 36$$

❺

| 54 | 21 | 11 | 65 |

$$\boxed{} + \boxed{} = 76$$

❻

| 13 | 23 | 32 | 25 |

$$\boxed{} + \boxed{} = 45$$

❼

| 50 | 43 | 55 | 41 |

$$\boxed{} + \boxed{} = 98$$

수 카드 중 세 장을 사용하여 식을 완성하시오.

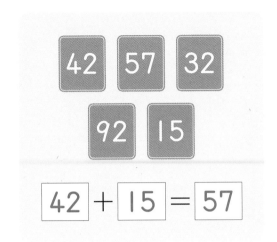

42 57 32
92 15

42 + 15 = 57

❶
81 70 93
22 12

☐ + ☐ = ☐

❷
20 63 15
83 21

☐ + ☐ = ☐

❸
74 43 40
82 31

☐ + ☐ = ☐

❹
45 30 98
53 43

☐ + ☐ = ☐

❺
21 30 65
25 44

☐ + ☐ = ☐

모양셈

● 같은 모양은 같은 수, 다른 모양은 다른 수입니다. 빈칸을 채우시오.

$5 + 5 = \bigcirc 10$

$\bigcirc 10 + \bigcirc 10 = \boxed{20}$

$\boxed{20} + \boxed{20} = \Diamond 40$

❶
$6 + 6 = \bigcirc$

$\bigcirc + \bigcirc = \square$

$\square + \square = \Diamond$

❷
$\bigcirc + \bigcirc = 20$

$20 + \bigcirc = \square$

$\square + 40 = \Diamond$

❸
$\bigcirc + \bigcirc = 40$

$15 + \bigcirc = \square$

$\square + \Diamond = 45$

❹
$\bigcirc + \bigcirc = 22$

$\bigcirc + \square = 41$

$\square + \Diamond = 82$

❺
$\bigcirc + \bigcirc = 24$

$\bigcirc + \square = 33$

$\square + \Diamond = 56$

◆ ◆가 나타내는 수를 ☐ 안에 써넣으시오.

$11 + 11 = \clubsuit$

$\clubsuit + \clubsuit = \spadesuit$

$\spadesuit + \spadesuit = \blacklozenge$

$\blacklozenge = \boxed{88}$

❶ $10 + 10 = \clubsuit$

$\clubsuit + \clubsuit = \spadesuit$

$\clubsuit + \spadesuit = \blacklozenge$

$\blacklozenge = \boxed{}$

❷ $\clubsuit + \clubsuit = 26$

$11 + \clubsuit = \spadesuit$

$\spadesuit + 32 = \blacklozenge$

$\blacklozenge = \boxed{}$

❸ $\clubsuit + \clubsuit = 60$

$12 + \clubsuit = \spadesuit$

$\clubsuit + \spadesuit = \blacklozenge$

$\blacklozenge = \boxed{}$

❹ $\clubsuit + \clubsuit = 24$

$\clubsuit + \spadesuit = 33$

$\spadesuit + \blacklozenge = 63$

$\blacklozenge = \boxed{}$

❺ $\clubsuit + \clubsuit = 42$

$\clubsuit + \spadesuit = 55$

$\spadesuit + \blacklozenge = 99$

$\blacklozenge = \boxed{}$

막대셈

● 빈칸에 알맞은 수를 써넣으시오.

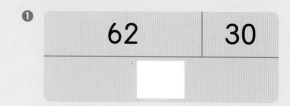

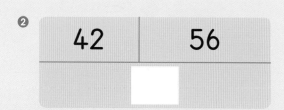

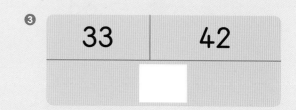

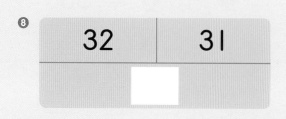

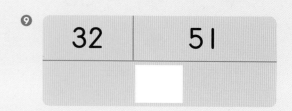

✛ 빈칸에 알맞은 수를 써넣으시오.

25	51
11	65

❶

18	71
	20

❷

66	13
	25

❸

40	27
16	

❹

33	46
20	

❺

57	12
	16

❻

44	55
	22

❼

12	84
32	

❽

41	52
22	

❾

31	24
	15

잘 공부했는지 알아봅시다

1 빈칸에 알맞은 수를 써넣으시오.

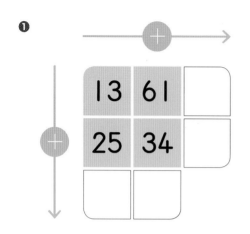

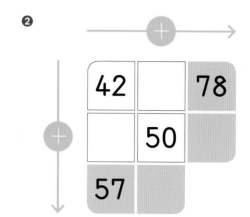

2 수 카드 중 세 장을 사용하여 식을 완성하시오.

98   27

17   71   61

☐ + ☐ = ☐

3 같은 모양은 같은 수, 다른 모양은 다른 수입니다. ◆가 나타내는 수를 구하시오.

$$♣ + ♣ = 48$$

$$♣ + ♠ = 57$$

$$♠ + 12 = ◆$$

5 (두 자리 수) −(한 자리 수)

수 모형 뺄셈

● 그림을 보고 □ 안에 알맞은 수를 써넣으시오.

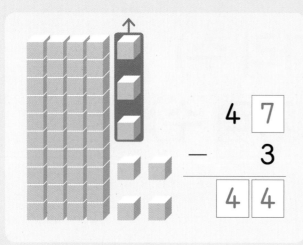

$$
\begin{array}{r}
4\;\boxed{7} \\
-\quad 3 \\
\hline
\boxed{4}\;\boxed{4}
\end{array}
$$

①

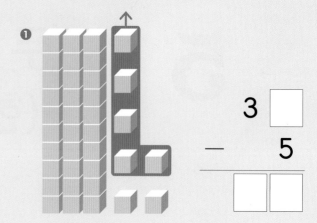

$$
\begin{array}{r}
3\;\boxed{} \\
-\quad 5 \\
\hline
\boxed{}\;\boxed{}
\end{array}
$$

②

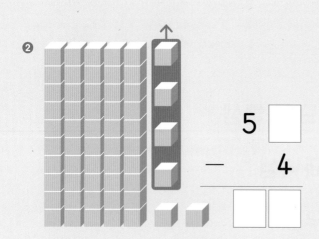

$$
\begin{array}{r}
5\;\boxed{} \\
-\quad 4 \\
\hline
\boxed{}\;\boxed{}
\end{array}
$$

③

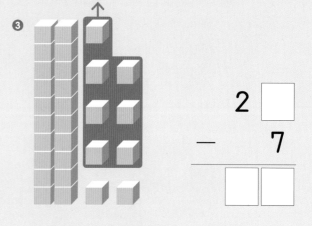

$$
\begin{array}{r}
2\;\boxed{} \\
-\quad 7 \\
\hline
\boxed{}\;\boxed{}
\end{array}
$$

④

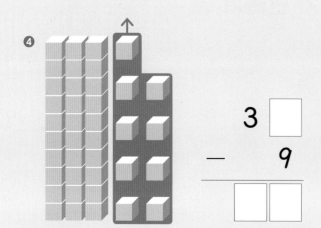

$$
\begin{array}{r}
3\;\boxed{} \\
-\quad 9 \\
\hline
\boxed{}\;\boxed{}
\end{array}
$$

⑤

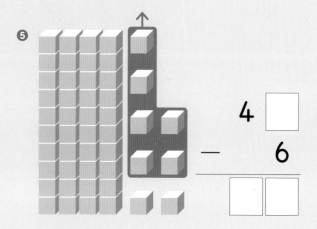

$$
\begin{array}{r}
4\;\boxed{} \\
-\quad 6 \\
\hline
\boxed{}\;\boxed{}
\end{array}
$$

✛ ☐ 안에 알맞은 수를 써넣으시오.

❶

```
   ☐ 6
 -   ☐
 ─────
   3 2
```

❷

```
   ☐ 7
 -   4
 ─────
   6 ☐
```

❸

```
   9 ☐
 -   4
 ─────
   ☐ 5
```

❹

```
   ☐ 5
 -   ☐
 ─────
   5 1
```

❺

```
   ☐ 8
 -   3
 ─────
   7 ☐
```

❻

```
   7 ☐
 -   2
 ─────
   ☐ 6
```

❼

```
   ☐ 7
 -   ☐
 ─────
   2 3
```

❽

```
   ☐ 9
 -   7
 ─────
   5 ☐
```

❾

```
   3 ☐
 -   3
 ─────
   ☐ 3
```

❿

```
   ☐ 8
 -   ☐
 ─────
   9 1
```

⓫

```
   ☐ 5
 -   2
 ─────
   4 ☐
```

양과녁셈

● 왼쪽 과녁판의 점수에서 오른쪽 과녁판의 점수를 뺍니다. 점수를 구하시오.

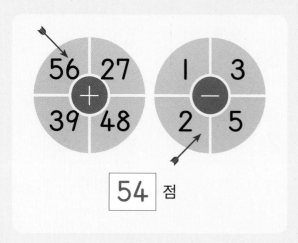

56 27
39 48
+

1 3
2 5
−

54 점

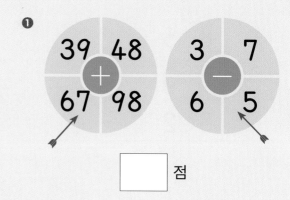

❶

39 48
67 98
+

3 7
6 5
−

점

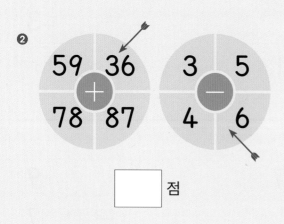

❷

59 36
78 87
+

3 5
4 6
−

점

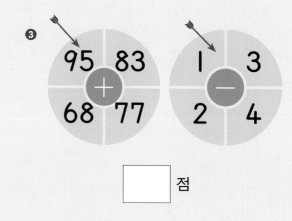

❸

95 83
68 77
+

1 3
2 4
−

점

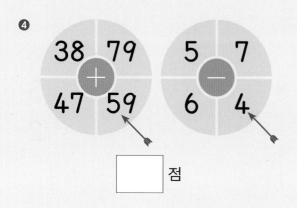

❹

38 79
47 59
+

5 7
6 4
−

점

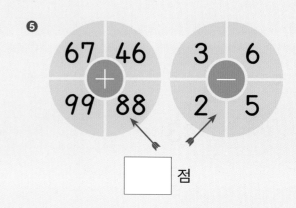

❺

67 46
99 88
+

3 6
2 5
−

점

⊕ 점수에 맞게 화살이 꽂힐 자리 두 곳에 ×표 하시오.

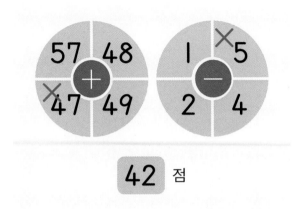

보기

```
57  48        1  ✕ 5
  +             -
47✕ 49        2    4
```

42 점

❶

```
66  56        2    5
  +             -
59  50        4    3
```

53 점

❷

```
82  87        4    5
  +             -
97  89        6    7
```

81 점

❸

```
67  76        3    4
  +             -
69  66        7    6
```

64 점

❹

```
25  35        2    5
  +             -
26  29        3    4
```

25 점

❺

```
86  75        1    4
  +             -
78  79        2    5
```

76 점

하우스

● 뺄셈을 하여 빈칸에 알맞은 수를 써넣으시오.

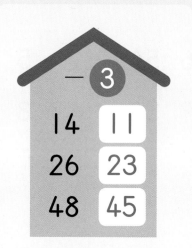

-3
14 | 11
26 | 23
48 | 45

❶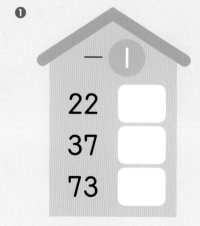

-1
22
37
73

❷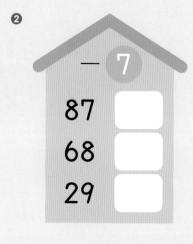

-7
87
68
29

❸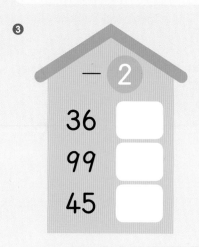

-2
36
99
45

❹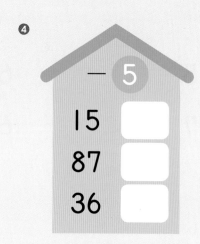

-5
15
87
36

❺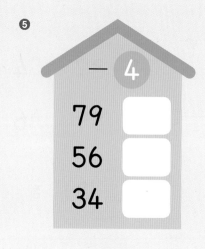

-4
79
56
34

❻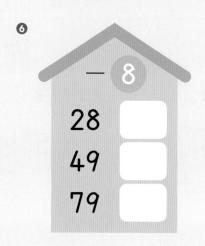

-8
28
49
79

❼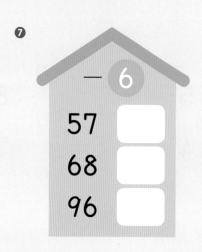

-6
57
68
96

❽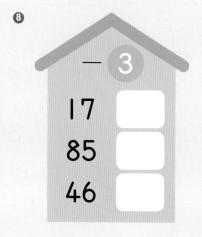

-3
17
85
46

◈ 빈칸에 알맞은 수를 써넣으시오.

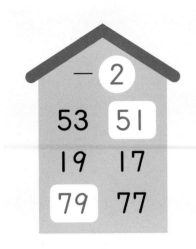

－ 2

53	51
19	17
79	77

❶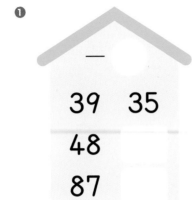

－

39	35
48	
87	

❷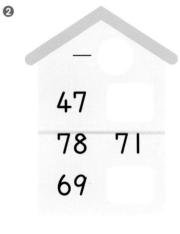

－

47	
78	71
69	

❸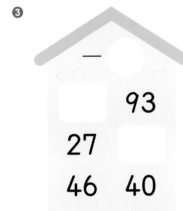

－

	93
27	
46	40

❹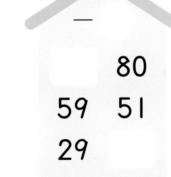

－

	80
59	51
29	

❺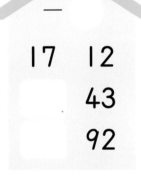

－

17	12
	43
	92

❻

－

96	
	78
32	31

❼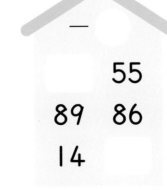

－

	55
89	86
14	

❽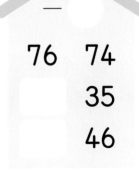

－

76	74
	35
	46

372 큰 차 만들기

● 숫자 카드를 모두 한 번씩 사용하여 뺄셈식을 완성하시오.

5 3 9

9 5 $-$ 3 $=92$

❶ 8 7 2

□□ $-$ □ $=85$

❷ 7 9 1

□□ $-$ □ $=96$

❸ 2 5 6

□□ $-$ □ $=63$

❹ 8 2 7

□□ $-$ □ $=85$

❺ 1 6 9

□□ $-$ □ $=95$

❻ 6 3 7

□□ $-$ □ $=73$

❼ 3 4 2

□□ $-$ □ $=41$

❖ 숫자 카드 중에서 두 장을 골라 가장 큰 두 자리 수를 만들고, 나머지 한 장의 카드로 한 자리 수를 만들 때, 만든 두 수의 차를 구하시오.

두 수 :   64, 3

두 수의 차 : $64-3=61$

❶

두 수 :

두 수의 차 :

❷

두 수 :

두 수의 차 :

❸
2 9 5

두 수 :

두 수의 차 :

❹

두 수 :

두 수의 차 :

❺

두 수 :

두 수의 차 :

1 그림을 보고 □ 안에 알맞은 수를 써넣으시오.

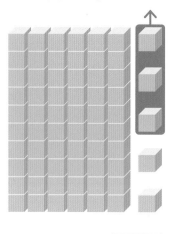

$$65-3=\boxed{}$$

2 숫자 카드를 한 장씩 모두 사용하여 차가 가장 큰 뺄셈식을 만드시오.

❶ [8] [4] [1]

$$\boxed{}\boxed{}-\boxed{}=\boxed{}$$

❷ [2] [9] [7]

$$\boxed{}\boxed{}-\boxed{}=\boxed{}$$

3 왼쪽 과녁판의 점수에서 오른쪽 과녁판의 점수를 뺍니다. 점수에 맞게 화살이 꽂힐 자리 두 곳에 ×표 하시오.

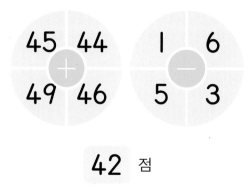

42 점

6 두 자리 수의 뺄셈

동전 모형 뺄셈

● □ 안에 알맞은 수를 써넣으시오.

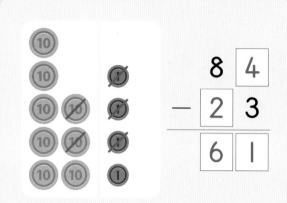

$$\begin{array}{r} 8\ \boxed{4} \\ -\ \boxed{2}\ 3 \\ \hline \boxed{6}\ \boxed{1} \end{array}$$

❶

$$\begin{array}{r} \boxed{}\ 7 \\ -\ \ 4\ \boxed{} \\ \hline \boxed{}\ \boxed{} \end{array}$$

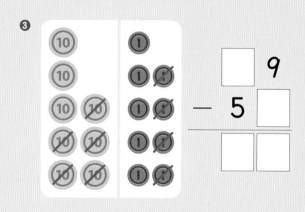

❷

$$\begin{array}{r} 6\ \boxed{} \\ -\ \boxed{}\ 5 \\ \hline \boxed{}\ \boxed{} \end{array}$$

❸

$$\begin{array}{r} \boxed{}\ 9 \\ -\ \ 5\ \boxed{} \\ \hline \boxed{}\ \boxed{} \end{array}$$

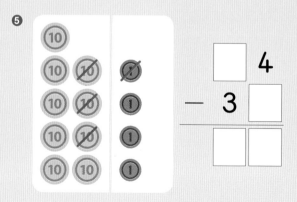

❹

$$\begin{array}{r} 5\ \boxed{} \\ -\ \boxed{}\ 4 \\ \hline \boxed{}\ \boxed{} \end{array}$$

❺

$$\begin{array}{r} \boxed{}\ 4 \\ -\ \ 3\ \boxed{} \\ \hline \boxed{}\ \boxed{} \end{array}$$

➕ 세로셈으로 고쳐 계산하시오.

$44-22=\boxed{22}$

```
  4 4
-  2 2
  2 2
```

❶ $85-61=\boxed{}$

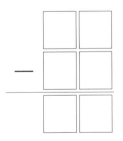

❷ $98-55=\boxed{}$

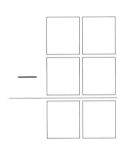

❸ $37-11=\boxed{}$

❹ $48-24=\boxed{}$

❺ $56-13=\boxed{}$

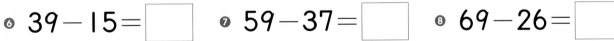

❻ $39-15=\boxed{}$

❼ $59-37=\boxed{}$

❽ $69-26=\boxed{}$

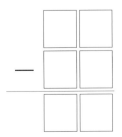
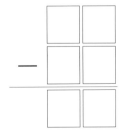
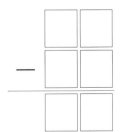

토너먼트셈

● 두 수의 차를 구하여 빈칸에 써넣으시오.

57	34
23

❶ | 62 | 30 |

❷ | 76 | 24 |

❸ | 93 | 70 |

❹ | 85 | 14 |

❺ | 39 | 26 |

❻ | 71 | 20 |

❼ | 99 | 87 |

❽ | 75 | 13 |

❾ | 96 | 42 |

❿ | 87 | 65 |

⓫ | 48 | 31 |

⓬ | 49 | 39 |

⓭ | 78 | 51 |

⓮ | 87 | 22 |

아래의 수는 짝지은 위 두 수의 차입니다. 빈칸에 알맞은 수를 써넣으시오.

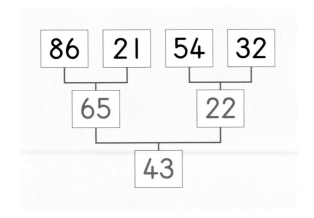

❶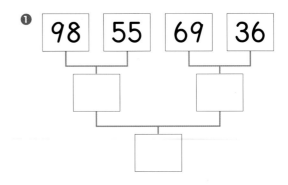

❷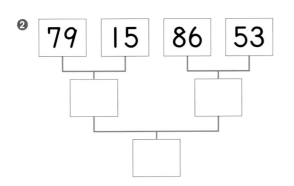

❸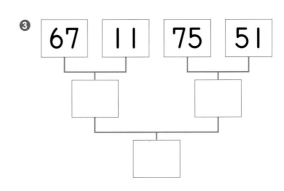

❹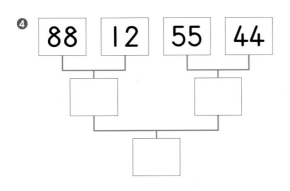

❺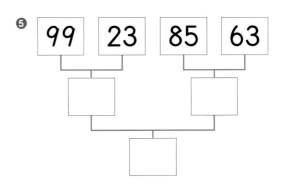

잎새 따기

● 계산 결과가 ● 안의 수와 다른 것을 찾아 /로 잎새를 따시오.

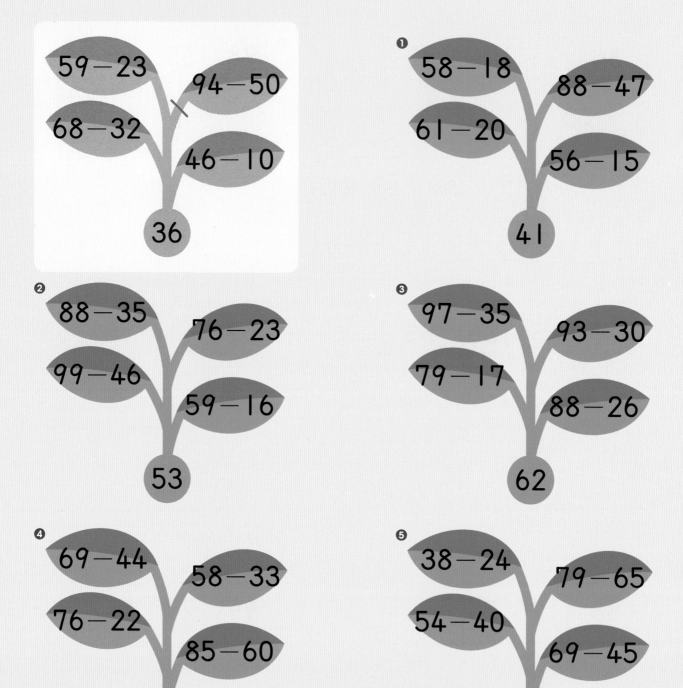

♦ 계산 결과가 다른 하나를 찾아 /로 잎새를 따시오.

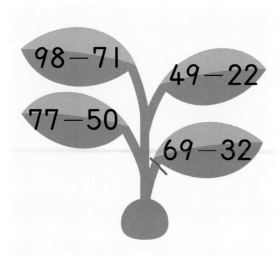

98-71   49-22   77-50   69-32

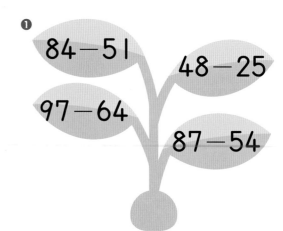

❶ 84-51   48-25   97-64   87-54

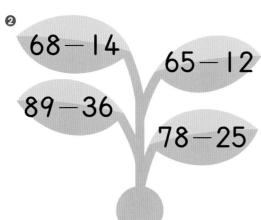

❷ 68-14   65-12   89-36   78-25

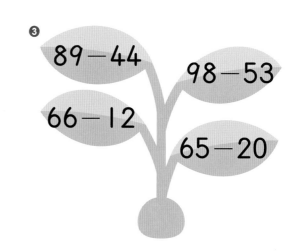

❸ 89-44   98-53   66-12   65-20

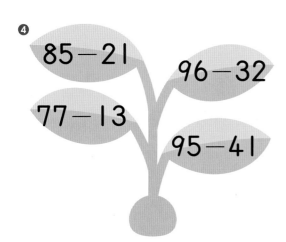

❹ 85-21   96-32   77-13   95-41

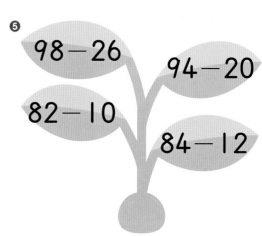

❺ 98-26   94-20   82-10   84-12

숫자 카드 목표수

● 숫자 카드를 한 번씩 사용하여 뺄셈식을 완성하시오.

[보기] 카드: 5 8 3
```
    8 6
  - 3 3
  ─────
    5 3
```

❶ 카드: 4 1 8
```
    9 □
  - □ 7
  ─────
    5 □
```

❷ 카드: 2 6 5
```
    □ 7
  - 1 □
  ─────
    □ 5
```

❸ 카드: 2 6 8
```
    □ 4
  - 2 □
  ─────
    □ 2
```

❹ 카드: 5 2 6
```
    8 □
  - □ 4
  ─────
    3 □
```

❺ 카드: 5 3 7
```
    □ 5
  - 2 □
  ─────
    □ 2
```

❻ 카드: 8 3 2
```
    4 □
  - □ 5
  ─────
    2 □
```

❼ 카드: 8 2 9
```
    □ 8
  - 1 □
  ─────
    □ 6
```

❽ 카드: 2 1 9
```
    8 □
  - □ 8
  ─────
    6 □
```

➕ 숫자 카드를 한 번씩 사용하여 여러 가지 뺄셈식을 완성하시오.

```
  7 6          6 7          5 7
-  5 1        -  1 5        -  1 6
  2 5          5 2          4 1
```

①

```
  □ □          □ □          □ □
-  □ □        -  □ □        -  □ □
  7 4          8 3          3 8
```

②

```
  □ □          □ □          □ □
-  □ □        -  □ □        -  □ □
  6 2          3 5          1 3
```

③

```
  □ □          □ □          □ □
-  □ □        -  □ □        -  □ □
  2 4          3 3          1 1
```

잘 공부했는지 알아봅시다

1 그림을 보고 □ 안에 알맞은 수를 써넣으시오.

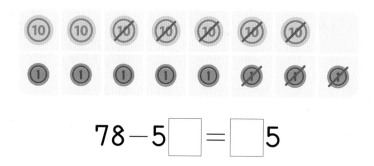

$$78 - 5\boxed{} = \boxed{}5$$

2 아래의 수는 위 두 수의 차입니다. 빈칸에 알맞은 수를 써넣으시오.

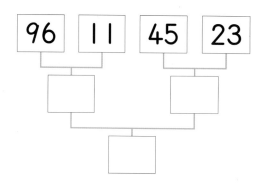

3 숫자 카드를 한 번씩 사용하여 뺄셈식을 완성하시오.

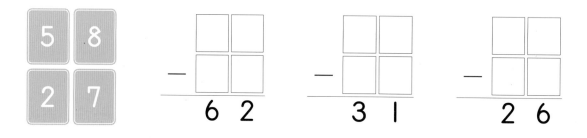

66

7 문해결 뺄셈

원판셈

● 안쪽 수에서 바깥쪽 수를 빼어 빈칸에 알맞은 수를 써넣으시오.

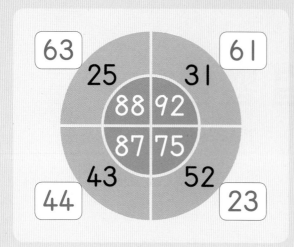

63		61
25		31
	88 | 92	
	87 | 75	
43		52
44		23

❶

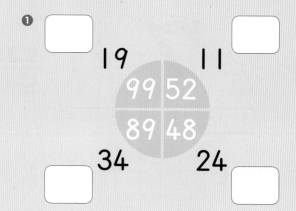

19		11
	99 | 52	
	89 | 48	
34		24

❷

30		31
	88 | 72	
	35 | 68	
25		37

❸

23		42
	63 | 77	
	78 | 65	
25		40

❹

31		11
	73 | 95	
	97 | 62	
41		30

❺

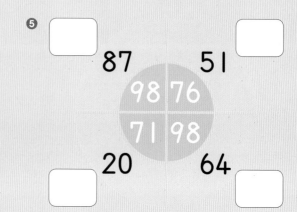

87		51
	98 | 76	
	71 | 98	
20		64

● 빈칸에 알맞은 수를 써넣으시오.

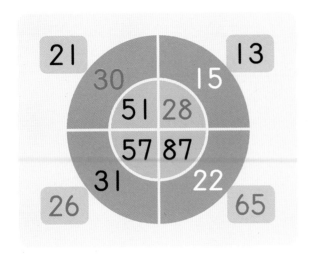

①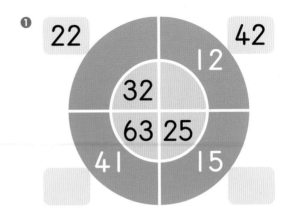

②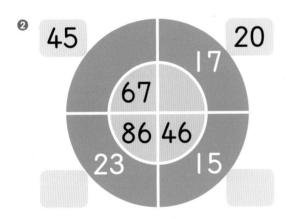

③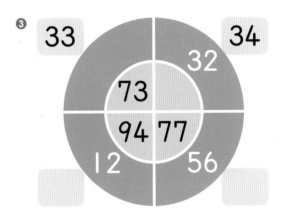

④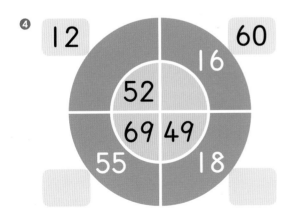

⑤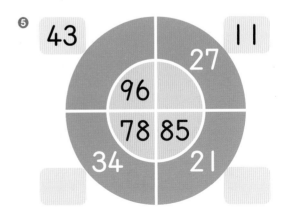

계단셈

● 빈칸에 알맞은 수를 써넣으시오.

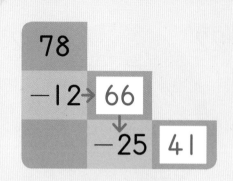

①
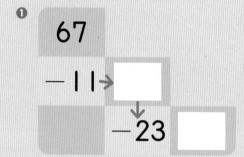

②
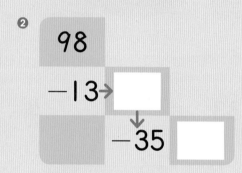

③
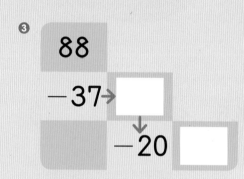

④
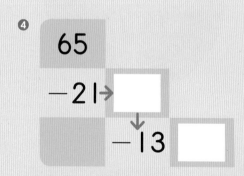

⑤
77
−32→☐
↓
−23 ☐

⑥
89
−26→☐
↓
−50 ☐

⑦
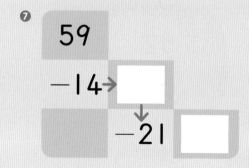

➕ 빈칸에 알맞은 수를 써넣으시오.

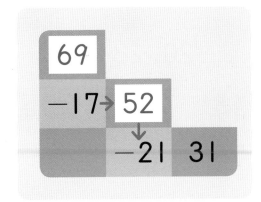

❶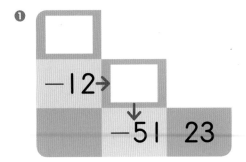

❷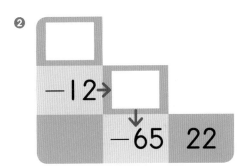

❸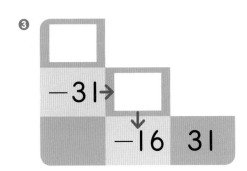

❹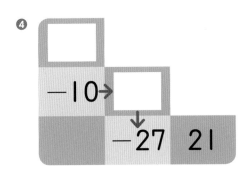

❺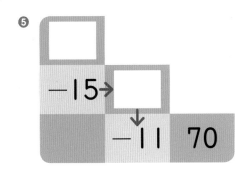

❻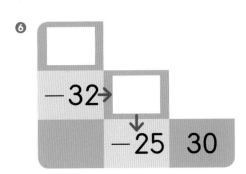

❼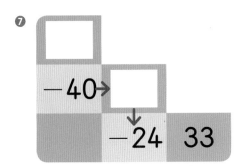

뺄셈표

● 뺄셈표의 빈칸에 알맞은 수를 써넣으시오.

−	15	34	41
56	41	22	15
67	52	33	26

❶

−	20	23	36
48			
76			

❷

−	23	26	14
37			
89			

❸

−	32	43	57
68			
79			

❹

−	51	60	73
78			
85			
94			

❺

−	16	20	35
49			
56			
67			

빼셈표의 빈칸에 알맞은 수를 써넣으시오.

−	13	25	33
45	32	20	12
58	45	33	25

❶

−		51	
	24	13	
88			26

❷

−	10		25
58		14	
	66		

❸

−			44
	26		2
		62	54

❹

−		25	
		20	
58			
65	35		54

❺

−		61	
74	24		52
		22	
	45		

벌레셈 문장제

● 벌레셈의 □ 안에 알맞은 수를 써넣으시오.

$$\begin{array}{r} \boxed{7}\ 6 \\ -\ 1\ \boxed{5} \\ \hline 6\ 1 \end{array}$$

①
$$\begin{array}{r} 9\ \boxed{} \\ -\ \boxed{}\ 4 \\ \hline 6\ 3 \end{array}$$

②
$$\begin{array}{r} 5\ 6 \\ -\ 1\ \boxed{} \\ \hline \boxed{}\ 4 \end{array}$$

③
$$\begin{array}{r} 7\ \boxed{} \\ -\ \boxed{}\ 5 \\ \hline 4\ 4 \end{array}$$

④
$$\begin{array}{r} \boxed{}\ 3 \\ -\ 4\ \boxed{} \\ \hline 5\ 1 \end{array}$$

⑤
$$\begin{array}{r} 6\ 7 \\ -\ \boxed{}\ 6 \\ \hline 4\ \boxed{} \end{array}$$

⑥
$$\begin{array}{r} 7\ \boxed{} \\ -\ \boxed{}\ 2 \\ \hline 4\ 2 \end{array}$$

⑦
$$\begin{array}{r} \boxed{}\ 7 \\ -\ 2\ \boxed{} \\ \hline 5\ 3 \end{array}$$

⑧
$$\begin{array}{r} 9\ 9 \\ -\ \boxed{}\ 5 \\ \hline 2\ \boxed{} \end{array}$$

⑨
$$\begin{array}{r} \boxed{}\ 4 \\ -\ 3\ \boxed{} \\ \hline 5\ 2 \end{array}$$

⑩
$$\begin{array}{r} 7\ \boxed{} \\ -\ \boxed{}\ 3 \\ \hline 2\ 6 \end{array}$$

⑪
$$\begin{array}{r} 6\ 8 \\ -\ 1\ \boxed{} \\ \hline \boxed{}\ 3 \end{array}$$

✛ 벌레셈을 세우고 두 수를 구하시오.

일의 자리 숫자가 **7**인 두 자리 수와 십의 자리 숫자가 **3**인 두 자리 수의 차가 **61**입니다.

$$\begin{array}{r} \square\,7 \\ -\ 3\,\square \\ \hline 6\ 1 \end{array}$$

97, 36

❶ 십의 자리 숫자가 **3**인 두 자리 수에서 일의 자리 숫자가 **5**인 두 자리 수를 뺐더니 **13**이 되었습니다.

❷ 일의 자리 숫자가 **4**인 두 자리 수에서 십의 자리 숫자가 **2**인 두 자리 수를 뺐더니 **32**가 되었습니다.

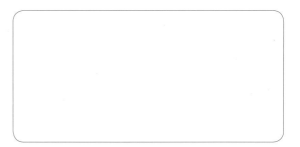

❸ 십의 자리 숫자가 **7**인 두 자리 수에서 일의 자리 숫자가 **1**인 두 자리 수를 뺐더니 **48**이 되었습니다.

1 뺄셈표의 빈칸에 알맞은 수를 써넣으시오.

−	12		37
49		23	
	85		

2 빈칸에 알맞은 수를 써넣으시오.

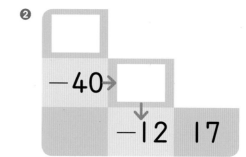

❶

87
−14 →
    ↓
   −31 □

❷

□
−40 →
    ↓
   −12 17

3 벌레셈을 세우고 두 수를 구하시오.

십의 자리 숫자가 **7**인 두 자리 수에서 일의 자리 숫자가 **3**인 두 자리 수를 뺐더니 **13**이 되었습니다.

8 두 자리 수의 덧셈과 뺄셈

관계셈

● 덧셈식을 보고 뺄셈식을 두 개 만드시오.

$17+22=39$
$39-17=22$
$39-22=17$

❶ $43+25=68$

❷ $61+34=95$

❸ $72+17=89$

● 뺄셈식을 보고 덧셈식을 두 개 만드시오.

$56-13=43$
$13+43=56$
$43+13=56$

❹ $89-26=63$

❺ $47-25=22$

❻ $98-68=30$

⊕ 주어진 수를 사용하여 덧셈식과 뺄셈식을 각각 두 개씩 만드시오.

$11 + 27 = 38$

$27 + 11 = 38$

11 27 38

$38 - 27 = 11$

$38 - 11 = 27$

❶ ☐ + ☐ = ☐

☐ + ☐ = ☐

16 23 39

☐ − ☐ = ☐

☐ − ☐ = ☐

❷ ☐ + ☐ = ☐

☐ + ☐ = ☐

35 31 66

☐ − ☐ = ☐

☐ − ☐ = ☐

❸ ☐ + ☐ = ☐

☐ + ☐ = ☐

27 62 89

☐ − ☐ = ☐

☐ − ☐ = ☐

❹ ☐ + ☐ = ☐

☐ + ☐ = ☐

20 75 95

☐ − ☐ = ☐

☐ − ☐ = ☐

대소셈

● ○ 안에 >, =, <를 알맞게 써넣으시오.

44+20 $>$ 61

❶ 48−10 ○ 38

❷ 32−12 ○ 19

❸ 42+13 ○ 55

❹ 27+11 ○ 36

❺ 43−20 ○ 26

❻ 46−31 ○ 16

❼ 39+30 ○ 68

❽ 41+45 ○ 86

❾ 75−53 ○ 24

❿ 65−53 ○ 14

⓫ 33+66 ○ 99

⓬ 35+23 ○ 49

⓭ 47−25 ○ 21

⊕ ◯ 안에 >, =, <를 알맞게 써넣으시오.

$58-12 \enspace \bigcirc= \enspace 35+11$ ❶ $22+42 \enspace \bigcirc \enspace 89-31$

❷ $36+20 \enspace \bigcirc \enspace 78-21$ ❸ $98-30 \enspace \bigcirc \enspace 50+19$

❹ $74-24 \enspace \bigcirc \enspace 27+22$ ❺ $32+14 \enspace \bigcirc \enspace 77-31$

❻ $14+15 \enspace \bigcirc \enspace 43-12$ ❼ $75-20 \enspace \bigcirc \enspace 31+23$

❽ $96-24 \enspace \bigcirc \enspace 43+30$ ❾ $28+11 \enspace \bigcirc \enspace 49-10$

❿ $27+61 \enspace \bigcirc \enspace 99-11$ ⓫ $76-21 \enspace \bigcirc \enspace 23+26$

⓬ $87-12 \enspace \bigcirc \enspace 35+30$ ⓭ $33+41 \enspace \bigcirc \enspace 98-25$

합 차 두 수

○ 두 수의 합과 차를 빈칸에 써넣으시오.

❶

❷

❸

❹

❺

❻

❼

❽

❾

❿

⓫

❖ 합과 차에 맞게 두 수를 구하여 큰 수부터 차례로 써넣으시오.

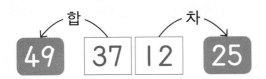

49 37 12 25

❶

65 [ ] [ ] 23

❷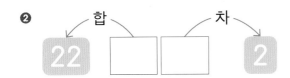

22 [ ] [ ] 2

❸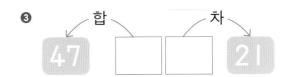

47 [ ] [ ] 21

❹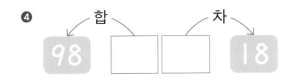

98 [ ] [ ] 18

❺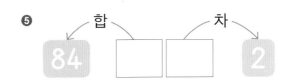

84 [ ] [ ] 2

❻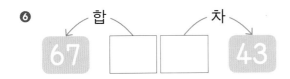

67 [ ] [ ] 43

❼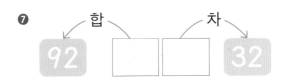

92 [ ] [ ] 32

❽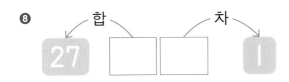

27 [ ] [ ] 1

❾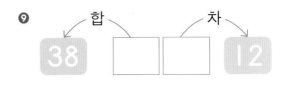

38 [ ] [ ] 12

❿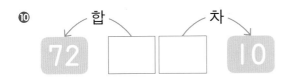

72 [ ] [ ] 10

⓫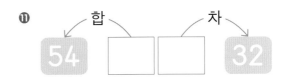

54 [ ] [ ] 32

384 숫자 카드 조건

● 숫자 카드를 사용하여 조건에 맞는 식을 만드시오.

조건

> 만들 수 있는 두 자리 수 중
> 가장 큰 수와 가장 작은 수의 합

1	2
3	4
5	

$$
\begin{array}{r}
5\,4 \\
+\ 1\,2 \\
\hline
6\,6
\end{array}
$$

❶ **조건**

> 만들 수 있는 두 자리 수 중
> 가장 큰 수와 가장 작은 수의 합

3	4
2	5
6	

$$
\begin{array}{r}
6\,\square \\
+\ \square\,3 \\
\hline
\square\,\square
\end{array}
$$

❷ **조건**

> 만들 수 있는 두 자리 수 중
> 가장 큰 수와 가장 작은 수의 차

2	5
7	4
8	

$$
\begin{array}{r}
\square\,7 \\
-\ 2\,\square \\
\hline
\square\,\square
\end{array}
$$

❸ **조건**

> 만들 수 있는 두 자리 수 중
> 가장 큰 수와 가장 작은 수의 차

1	3
5	6
9	

$$
\begin{array}{r}
\square\,6 \\
-\ 1\,\square \\
\hline
\square\,\square
\end{array}
$$

✚ 숫자 카드를 사용하여 조건에 맞는 식을 세우고, 답을 구하시오.

조건

십의 자리 숫자가 3인 가장 큰 수와 십의 자리 숫자가 5인 가장 작은 수의 합

| 3 | 5 | 1 | 6 | 2 |

$36 + 51 = 87,\ 87$

❶ **조건**

일의 자리 숫자가 4인 가장 큰 수와 십의 자리 숫자가 2인 가장 작은 수의 합

| 1 | 6 | 7 | 4 | 2 |

❷ **조건**

십의 자리 숫자가 7인 가장 큰 수와 십의 자리 숫자가 4인 가장 작은 수의 차

| 1 | 6 | 7 | 4 | 9 |

❸ **조건**

일의 자리 숫자가 4인 가장 큰 수와 십의 자리 숫자가 3인 가장 작은 수의 차

| 2 | 4 | 3 | 5 | 8 |

1 덧셈식을 보고 뺄셈식을 두 개 만드시오.

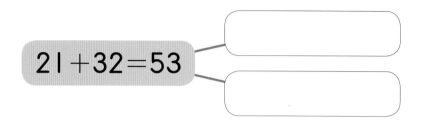

$21 + 32 = 53$

2 계산 결과가 큰 것부터 차례로 기호를 쓰시오.

㉠ $78 - 24$ ㉡ $34 + 25$

㉢ $70 - 20$ ㉣ $26 + 41$

3 ○ 안에 >, =, <를 알맞게 써넣으시오.

❶ $36 + 21$ ◯ $89 - 35$ ❷ $61 - 20$ ◯ $10 + 30$

4 합과 차에 맞게 두 수를 구하여 큰 수부터 차례로 써넣으시오.

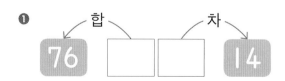

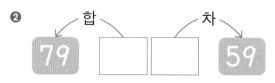

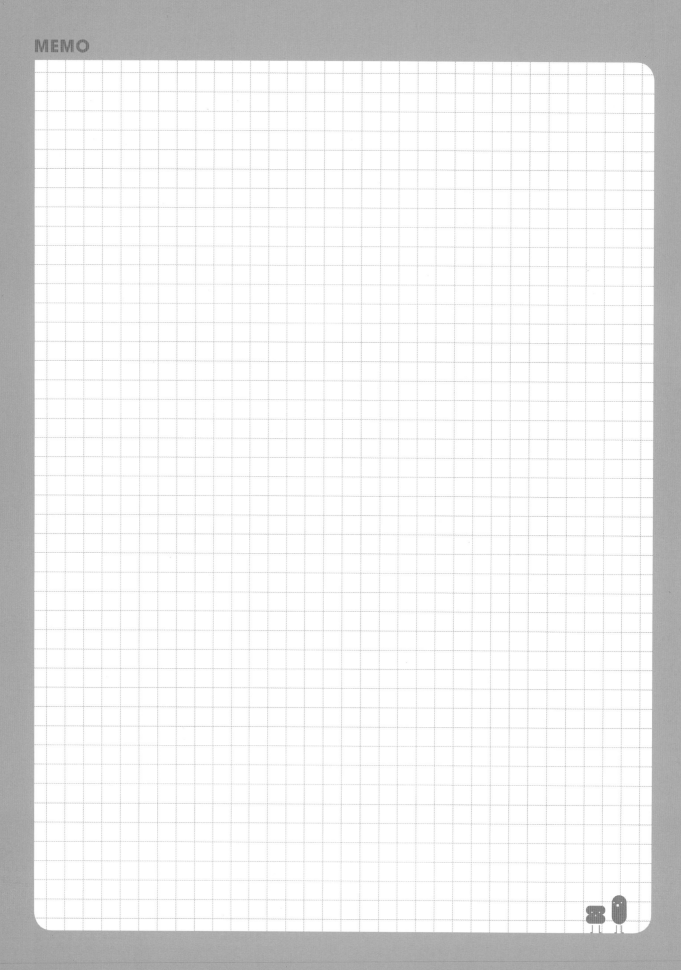

사고셈

정답 및 해설
Guide Book

초등1 4호

받아올림, 받아내림 없는 두 자리 수의 계산

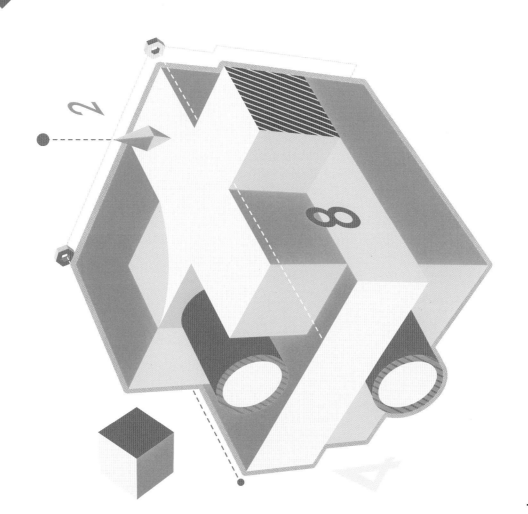

NE 능률

□ 안에 알맞은 수를 써넣으시오.

①
$$77 + 2 = 79$$
$$2 + 77 = 79$$

③
$$31 + 7 = 38$$
$$7 + 31 = 38$$

⑤
$$64 + 1 = 65$$
$$1 + 64 = 65$$

⑦
$$93 + 3 = 96$$
$$3 + 93 = 96$$

⑨
$$72 + 5 = 77$$
$$5 + 72 = 77$$

$$43 + 5 = 48$$
$$5 + 43 = 48$$

②
$$84 + 3 = 87$$
$$3 + 84 = 87$$

④
$$56 + 2 = 58$$
$$2 + 56 = 58$$

⑥
$$25 + 4 = 29$$
$$4 + 25 = 29$$

⑧
$$41 + 8 = 49$$
$$8 + 41 = 49$$

월 일

353 수 모형 덧셈

● 그림을 보고 □ 안에 알맞은 수를 써넣으시오.

3	2
6	
+	3	2
3	8

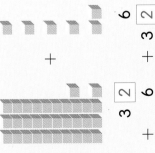

	3	2
+		6
	3	8

①
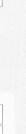

	4	4
+		3
	4	7

	3
+	4	4
	4	7

③
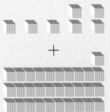

	2	1
+		8
	2	9

	8
+	2	1
	2	9

②

5	1
7	
+	5	1
5	8

	5	1
+		7
	5	8

① 주차

8

354 갈림길

● 계산에 맞게 빈칸에 알맞은 수를 써넣으시오.

52+7 → 59
52+3 → 55
52+6 → 58

52 + 7 3 6

40+9 → 49
40+3 → 43
40+8 → 48

40 + 9 3 8

70 + 7 6 2 → 77 76 72

31 + 5 8 4 → 36 39 35

84 + 2 4 3 → 86 88 87

63 + 5 3 6 → 68 66 69

❖ 계산에 맞게 선을 그으시오.

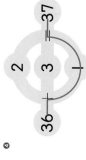

72 + 5 3 6 = 78   72+6=78

50 + 3 9 5 = 55   50+5=55

23 + 6 5 4 = 28

33 + 5 3 6 = 39

36 + 2 3 1 = 37

45 + 4 2 6 = 47

91 + 8 9 7 = 99

12 + 7 2 6 = 14

355 두 수 묶기

● 안의 수가 합이 되는 두 수를 찾아 ◯ 또는 ⬜를 그리시오.

31+3=34 **34**

31	3
4	32

 28

21	6
5	23

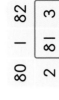 **97**

94	5
2	92

36

31	5
4	30

89

86	2
4	85

76

70	2
6	73

70+6=76

59

51	8
7	50

83

80	2
3	82

45

42	4
5	41

77

74	3
5	71

월 일

● 안의 수가 합이 되는 두 수를 찾아 ◯ 또는 ⬜를 그리시오.

78

5	71	6
74	4	73

74+4=78

99

94	4	95
2	92	3

39

8	30	6
31	5	32

54

5	50	3
52	6	51

66

5	61	3
60	7	62

66

62	5	60
3	61	7

47

45	2	46
1	43	3

84

80	1	82
2	81	3

73

71	4	70
1	72	2

25

24	3	23
1	20	4

P. 14 ● P. 15

1 주차

356 숫자 카드 세로셈

● 주어진 숫자 카드를 모두 사용하여 덧셈식을 완성하시오.

일의 자리 수끼리의 덧셈에서 두 수를 바꾸어 셈을 해도 계산 결과가 같으므로 두 수를 바꾸어 써도 정답입니다.

●
$$\begin{array}{r} 4\ 7 \\ +\quad 1 \\ \hline 4\ 8 \end{array}$$

❸
$$\begin{array}{r} 7\ 3 \\ +\quad 5 \\ \hline 7\ 8 \end{array}$$

❺
$$\begin{array}{r} 4\ 6 \\ +\quad 1 \\ \hline 4\ 7 \end{array}$$

❼
$$\begin{array}{r} 6\ 2 \\ +\quad 1 \\ \hline 6\ 3 \end{array}$$

●
$$\begin{array}{r} 7\ 3 \\ +\quad 5 \\ \hline 7\ 8 \end{array}$$

❷
$$\begin{array}{r} 6\ 1 \\ +\quad 8 \\ \hline 6\ 9 \end{array}$$

❹
$$\begin{array}{r} 8\ 2 \\ +\quad 4 \\ \hline 8\ 6 \end{array}$$

❻
$$\begin{array}{r} 5\ 4 \\ +\quad 3 \\ \hline 5\ 7 \end{array}$$

● 주어진 숫자 카드를 모두 사용하여 덧셈식을 만드시오.

❶
$$\begin{array}{r} 3\ 2 \\ +\quad 7 \\ \hline 3\ 9 \end{array}$$

❸
$$\begin{array}{r} 4\ 3 \\ +\quad 5 \\ \hline 4\ 8 \end{array}$$

❺
$$\begin{array}{r} 5\ 1 \\ +\quad 3 \\ \hline 5\ 4 \end{array}$$

●
$$\begin{array}{r} 7\ 2 \\ +\quad 6 \\ \hline 7\ 8 \end{array}$$

❷
$$\begin{array}{r} 2\ 1 \\ +\quad 6 \\ \hline 2\ 7 \end{array}$$

❹
$$\begin{array}{r} 8\ 2 \\ +\quad 5 \\ \hline 8\ 7 \end{array}$$

월 일

잘 공부했는지 알아봅시다

1 그림을 보고 □ 안에 알맞은 수를 써넣으시오.

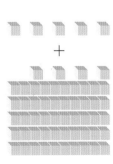

$$5\ 4 + 5 = \boxed{5}\ \boxed{9}$$

$$\begin{array}{r} 5\ 4 \\ +\ 5 \\ \hline \boxed{5}\ \boxed{9} \end{array} \qquad \begin{array}{r} \boxed{5} \\ +\ 5\ 4 \\ \hline \boxed{5}\ \boxed{9} \end{array}$$

2 계산에 맞게 선을 그으시오.

❶

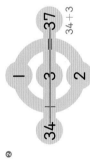

7 + 61 = 68
61 + 7

❷

34 + 1 = 37
3 2
34 + 3

3 ● 안의 수가 합이 되는 두 수를 찾아 □ 또는 ○를 그리시오.

78

73 4 72

2 75 3

75 + 3 = 78

① 주차

사고셈 | 정답 및 해설

② 주차

357 이층 덧셈

● 빈칸에 알맞은 수를 써넣으시오.

31	74	27	46
33	76	29	48

+2
31+2 74+2 27+2 46+2

① +3

44	25	80	34
47	28	83	37

44+3 25+3 80+3 34+3

② +1

18	86	94	71
19	87	95	72

③ +4

32	45	63	23
36	49	67	27

④ +5

72	42	13	90
77	47	18	95

⑤ +2

45	30	27	15
47	32	29	17

⑥ +6

41	63	71	52
47	69	77	58

⑦ +7

32	31	40	72
39	38	47	79

⑧ +3

50	35	91	84
53	38	94	87

⑨ +4

25	43	72	63
29	47	76	67

● 빈칸에 알맞은 수를 써넣으시오.

+(−1)

23	33	91	87
24	34	92	88

33+○=34이므로
○ 안의 수는 1입니다.
23+1 91+1 87+1

① +5

14	30	81	63
19	35	86	68

30+○=35이므로
○ 안의 수는 5입니다.
14+5 81+5 63+5

② +3

32	82	44	90
35	85	47	93

③ +4

43	72	61	24
47	76	65	28

④ +6

42	72	53	61
48	78	59	67

⑤ +2

34	81	54	62
36	83	56	64

⑥ +5

42	21	73	94
47	26	78	99

⑦ +7

41	20	31	72
48	27	38	79

⑧ +8

20	61	80	41
28	69	88	49

⑨ +3

26	36	86	50
29	39	89	53

바람개비

● 가로, 세로로 두 수의 합을 빈칸에 써넣으시오.

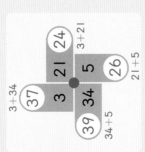

2+44는 44+2와 같
습니다. 더하는 수가 한
자리 수일 때의 계산이
더 편한 경우 두 수를 바
꾸어 더하면 됩니다.

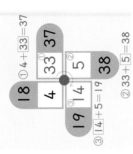

② 주차

바람개비 연산은 오른쪽 또는 왼쪽
한 방향으로 돌아가며 수를 구합니다.

① 89 ③ 3+55=58
55 58
② 3+3=89 ③ 3
88 86 2
① 86+2=88 88 57

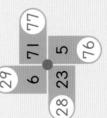

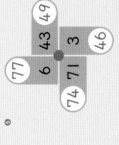

● 빈칸에 알맞은 수를 써넣으시오.

18 ①4+33=37
33 37
③ ② 5
4 14 38
19 ③14+5=19 ②33+5=38

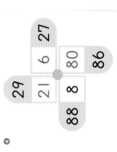

사고셈 | 정답 및 해설

P. 20 ● P. 21

② 주차

벌집셈

359

● 벌집 안 두 수의 합을 빈칸에 써넣으시오.

연결된 두 벌집 안의 수의 합을 구합니다.

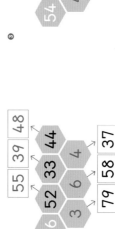

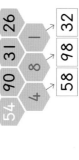

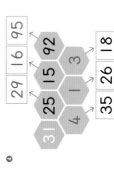

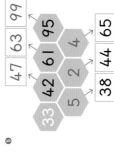

◆ 벌집 안 두 수의 합에 맞게 알맞은 수를 빈칸에 써넣으시오.

벌집 안의 세 수를 구합니다.

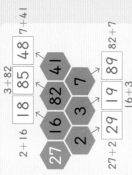

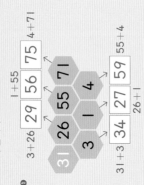

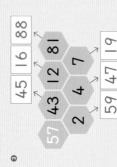

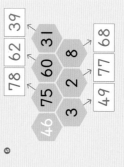

360 매트릭스

● 가로, 세로로 두 수씩 더하여 빈칸에 알맞은 수를 써넣으시오.

❖ 빈칸에 알맞은 수를 써넣으시오.

3+64는 64+3과 같습니다. 더하는 수가 한 자리 수일 때의 계산이 더 편한 경우 두 수를 바꾸어 더하면 쉽습니다.

① 2+15=17
② 4+15=19
③ 22+4=26
④ 5+22=27
⑤ 74+5=79
⑥ 74+2=76

② 주차

잘 공부했는지 알아봅시다

월 일

1 빈칸에 알맞은 수를 써넣으시오.

62	35	74	20	43
66	39	78	24	47

+4

62+4 35+4 74+4 20+4 43+4

2 벌집 안 두 수의 합을 빈칸에 써넣으시오.

57+2

16+3 19 59 84 83+1

16 57 83

3 2 1

91 94 18 58 57+1

91+3   16+2

3 가로, 세로로 두 수씩 더한 합을 이용하여 빈칸에 알맞은 수를 써넣으시오.

❶
④		1	72
	① 63	5	68
		34	38
	4		+
75	64	39	

①5+34=39 ④71+1=72
②63+5=68 ⑤71+4=75
③1+63=64 ⑥4+34=38

❷
5	① 14	19
③ 82	② 3	85
④ 7		39
32	89	17
37	17	+

①5+14=19 ④82+7=89
②14+3=17 ⑤32+7=39
③82+3=85 ⑥5+32=37

26

361 동전 모형 덧셈

● 그림을 보고 □ 안에 알맞은 수를 써넣으시오.

받아올림이 없는 (두 자리 수)+(두 자리 수)의 계산은 십의 자리끼리의 계산은 십의 자리에, 일의 자리끼리의 계산은 일의 자리에 적습니다.

❶
$$\begin{array}{r} 4\ 3 \\ +\ 3\ 5 \\ \hline 7\ 8 \end{array}$$

❷
$$\begin{array}{r} 5\ 1 \\ +\ 1\ 8 \\ \hline 6\ 9 \end{array}$$

❸
$$\begin{array}{r} 4\ 2 \\ +\ 4\ 6 \\ \hline 8\ 8 \end{array}$$

● 세로셈으로 고쳐 계산하시오.

더하는 두 수를 바꾸어 세로셈을 만들어도 정답입니다.

24+15= 39
$$\begin{array}{r} 2\ 4 \\ +\ 1\ 5 \\ \hline 3\ 9 \end{array}$$

❶ 35+24= 59
$$\begin{array}{r} 3\ 5 \\ +\ 2\ 4 \\ \hline 5\ 9 \end{array}$$

❷ 71+18= 89
$$\begin{array}{r} 7\ 1 \\ +\ 1\ 8 \\ \hline 8\ 9 \end{array}$$

❸ 32+56= 88
$$\begin{array}{r} 3\ 2 \\ +\ 5\ 6 \\ \hline 8\ 8 \end{array}$$

❹ 22+64= 86
$$\begin{array}{r} 2\ 2 \\ +\ 6\ 4 \\ \hline 8\ 6 \end{array}$$

❺ 82+17= 99
$$\begin{array}{r} 8\ 2 \\ +\ 1\ 7 \\ \hline 9\ 9 \end{array}$$

❻ 33+24= 57
$$\begin{array}{r} 3\ 3 \\ +\ 2\ 4 \\ \hline 5\ 7 \end{array}$$

❼ 11+62= 73
$$\begin{array}{r} 1\ 1 \\ +\ 6\ 2 \\ \hline 7\ 3 \end{array}$$

❽ 54+14= 68
$$\begin{array}{r} 5\ 4 \\ +\ 1\ 4 \\ \hline 6\ 8 \end{array}$$

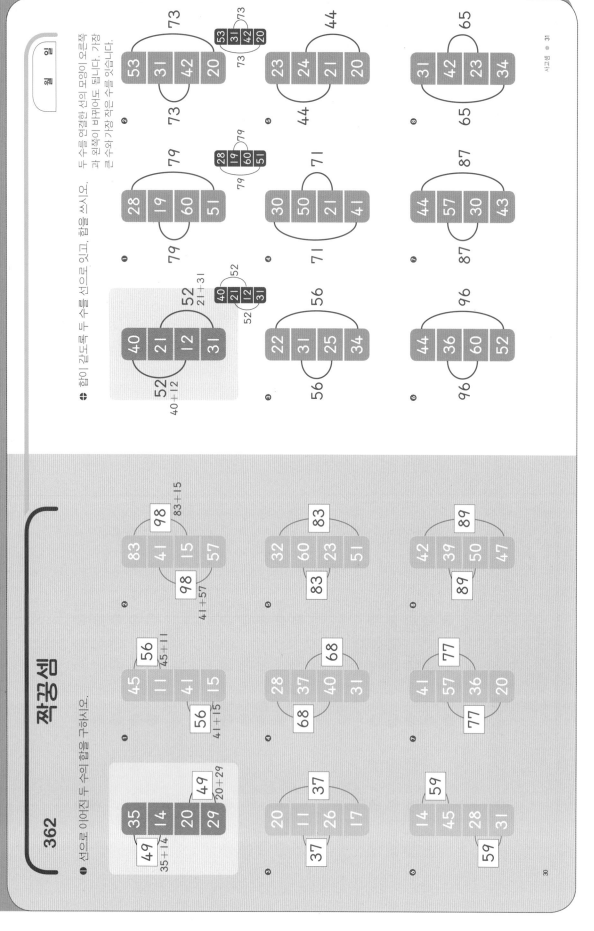

과녁셈

363

● 화살이 꽂힌 부분의 수의 합을 가운데 ○ 안에 써넣으시오.

33+62=95

37+41=78

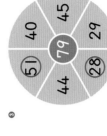

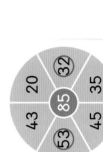

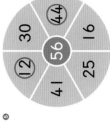

● 수의 합이 가운데 수가 되도록 두 수를 골라 ○표 하시오.

22+32=54

① 십의 자리 수끼리
의 합이 60이 되는
두 수를 찾은 다음
계산하여 합이 68
이 되는 두 수를 찾
습니다.

26+43=69
20+43=63
25+43=68

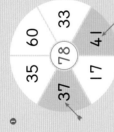

② 일의 자리 수끼리의 합이 5가
되는 두 수를 찾아봅니다.

③ 주차

364 숫자 카드 벌레셈

● 숫자 카드를 모두 한 번씩 사용하여 덧셈식을 완성하시오.

예
```
  2 8
+ 5 1
  7 9
```
2 7
1

②
```
  3 1
+ 6 7
  9 8
```
6 1
8

④
```
  7 4
+ 2 1
  9 5
```
1 9
7

⑥
```
  5 5
+ 3 2
  8 7
```
5 7
3

①
```
  1 2
+ 7 4
  8 6
```
2 8
7

③
```
  1 5
+ 4 2
  5 7
```
1 7
2

⑤
```
  2 3
+ 5 3
  7 6
```
5 3
6

⑦
```
  2 3
+ 4 6
  6 9
```
6 2
9

34

● 숫자 카드를 모두 한 번씩 사용하여 덧셈식을 완성하시오.

예시 답안 이외에도 십의 자리 숫자끼리, 일의
자리 숫자끼리 바꾸어 식을 완성할 수 있습니다.

예
```
  4 5
+ 3 1
  7 6
```
```
3 5          3 1
+4 1         +4 5
  7 6          7 6
```
3 4
5 1

①
```
  2 3
+ 4 5
  6 8
```
```
4 3          2 5
+2 5         +4 3
  6 8          6 8
```
3 5
2 4

②
```
  1 2
+ 3 4
  4 6
```
```
1 2          3 4
+3 4         +1 2
  4 6          4 6
```
1 4
3 2

③
```
  1 6
+ 4 2
  5 8
```
1 2
7 5

④
```
  2 4
+ 1 3
  3 7
```
1 4
3 2

⑤
```
  7 5
+ 1 2
  8 7
```
1 2
7 5

⑥
```
  3 1
+ 4 8
  7 9
```
3 1
4 8

⑦
```
  6 2
+ 3 5
  9 7
```
6 3
2 5

잘 공부했는지 알아봅시다

1 그림을 보고 □ 안에 알맞은 수를 써넣으시오.

$$74+24=98$$

10원짜리 동전의 개수를 십의 자리에, 1원짜리 동전의 개수를 일의 자리에 씁니다.

2 다음 두 수의 합이 67이 되도록 □ 안에 알맞은 수를 써넣으시오.

$$\begin{array}{r} 5\;3 \\ +\;\fbox{1}\;4 \\ \hline 6\;7 \end{array}$$

벌레셈으로 식을 세워 위 계산하여 □ 안의 수를 구합니다.

3 두 수의 합이 가운데 수가 되도록 두 수를 골라 ○표 하시오.

❶

13   ⑦⓪   71   14   86   ⑯   83

일의 자리 수끼리의 합이 6이 되는 두 수를 찾은 다음 계산하여 합이 86인 두 수를 찾습니다.

$$70+16=86$$

❷

35   18   ㉗   49   ㉒   30   13

일의 자리 수끼리의 합이 9가 되는 두 수를 찾은 다음 계산하여 합이 49인 두 수를 찾습니다.

$$27+22=49$$

③ 주차

④ 주차

365 덧셈 상자

● 빈칸에 알맞은 수를 써넣으시오.

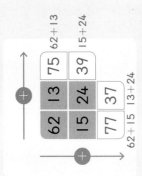

① 62+13 / 15+24 / 62+15 / 13+24

	13	75
62	15	37
77		

① 27+50 / 31+26 / 27+31 / 50+26

	50	77
27	26	57
31	58	76

② | | 23 | 68 |
| 45 | 16 | 56 |
| 40 | 85 | 39 |

③ | | 25 | 57 |
| 32 | 54 | 95 |
| 41 | 73 | 79 |

⑤ | | 50 | 96 |
| 46 | 38 | 49 |
| 11 | 57 | 88 |

④ | | 36 | 87 |
| 51 | 22 | 69 |
| 47 | 98 | 58 |

❶ 빈칸에 알맞은 수를 써넣으시오.

① 26+32=58
② 21+26=47
③ 53+32=85
④ 21+53=74

② 21	③ 53	④ 74
① 26	32	58
47	85	

① 41+33=74
② 41+44=85
③ 44+15=59
④ 33+15=48

41	① 33	74
② 44	15	③ 59
85	④ 48	

③ | 43 | 11 | 54 |
| 24 | 31 | 55 |
| 67 | 42 | |

② | 25 | 42 | 67 |
| 64 | 30 | 94 |
| 89 | 72 | |

⑤ | 63 | 25 | 88 |
| 36 | 52 | 88 |
| 99 | 77 | |

④ | 37 | 12 | 49 |
| 21 | 57 | 78 |
| 58 | 69 | |

366 수 카드 완성

● 수 카드 중 두 장을 사용하여 식을 완성하시오.

| 14 | 13 | 31 | 20 |

13 + 31 = 44

일의 자리 수끼리의 합이 4가 되는
두 수를 찾아봅니다.

두 수를 바꾸어 세로
정답입니다.

❷ | 51 | 15 | 23 | 44 |

23 + 44 = 67

❷ | 32 | 43 | 33 | 41 |

32 + 43 = 75

❸ | 24 | 40 | 35 | 18 |

24 + 35 = 59

❹ | 23 | 16 | 13 | 10 |

23 + 13 = 36

❺ | 54 | 21 | 11 | 65 |

11 + 65 = 76

❻ | 13 | 23 | 32 | 25 |

13 + 32 = 45

❼ | 50 | 43 | 55 | 41 |

43 + 55 = 98

❖ 수 카드 중 세 장을 사용하여 식을 완성하시오.

| 42 | 57 | 32 | 92 | 15 |

42 + 15 = 57
15 + 42 = 57

앞의 두 수를 바꾸어
세로 정답입니다.

❶ | 81 | 70 | 93 | 22 | 12 |

81 + 12 = 93
12 + 81 = 93

❷ | 20 | 63 | 15 | 83 | 21 |

20 + 63 = 83
63 + 20 = 83

❸ | 74 | 43 | 40 | 82 | 31 |

43 + 31 = 74
31 + 43 = 74

❹ | 45 | 30 | 98 | 53 | 43 |

45 + 53 = 98
53 + 45 = 98

❺ | 21 | 30 | 65 | 25 | 44 |

21 + 44 = 65
44 + 21 = 65

367 모양셈

● 같은 모양은 같은 수, 다른 모양은 다른 수입니다. 빈칸을 채우시오.

5 + 5 = ⑩
⑩ + ⑩ = 20
20 + 20 = ◇40◇

① 6 + 6 = ⑫
⑫ + ⑫ = 24
24 + 24 = ◇48◇

③ 20 + 20 = 40
15 + 20 = 35
35 + ◇10◇ = 45

⑤ ⑫ + ⑫ = 24
⑫ + 21 = 33
21 + ◇35◇ = 56

② ⑩ + ⑩ = 20
20 + ⑩ = 30
30 + 40 = 70

④ ⑪ + ⑪ = 22
⑪ + 30 = 41
30 + 52 = 82

● ▲ + ▲ = ■ 에서 ■ 는 ◆가 나타내는 수를 □ 안에 써넣으시오.
같은 수를 두 번 더한 값
이므로 ▲는 ■의 반입
니다.

① 10 + 10 = ♣20
♣20 + ♣20 = ♠40
♠20 + ♠20 = ◆60
= 60

② 11 + 11 = ♣22
♣22 + ♣22 = ♠44
♠22 + ♠44 = ◆88
= 88

③ ♣30 + ♣30 = ♠60
12 + ♣30 = ♠42
♠42 + ♦72 = ◆72
= 72

④ ♣13 + ♣13 = 26
♣13 + 32 = ♠24
11 + ♠24 = ◆56
= 56

⑤ ♣21 + ♣21 = 42
♣21 + ♣34 = 55
♦34 + 65 = ◆99
= 65

⑥ ♣12 + ♣12 = 24
♣12 + ♠21 = 33
♠21 + ♦42 = ◆63
= 42

42

43

사고력셈

368 막대셈

● 빈칸에 알맞은 수를 써넣으시오.

위 두 수의 합을 □ 안에 씁니다.

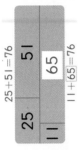

13 | 24
37
13+24

❶ 62 | 30
92
62+30

❸ 33 | 42
75

❺ 15 | 52
67

❼ 38 | 11
49

❾ 32 | 51
83

❷ 42 | 56
98

❹ 35 | 24
59

❻ 31 | 13
44

❽ 32 | 31
63

월 일

위 두 수의 합과 아래 두 수의 합이 같도록 만드는 □ 안의 수를 구합니다.

18 | 71 = 89
69 | 20
69+20=89

● 빈칸에 알맞은 수를 써넣으시오.

25 | 51 = 76
11 | 65 = 76
11+65=76

❶ 18 | 71
69 | 20

❸ 40 | 27
16 | 51

❺ 57 | 12
53 | 16

❼ 12 | 84
32 | 64

❾ 31 | 24
40 | 15

❷ 66 | 13
54 | 25

❹ 33 | 46
20 | 59

❻ 44 | 55
77 | 22

❽ 41 | 52
22 | 71

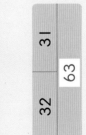

④ 주차

잘 공부했는지 알아봅시다

월 일

1 빈칸에 알맞은 수를 써넣으시오.

①

13	61	74	13+61
25	34	59	25+34
38	95		

13+25 61+34

②

42	①36	78
②15	50	⑤65
57	④86	

① 42+36=78
② 42+15=57
③ 15+50=65
④ 36+50=86

2 수 카드 중 세 장을 사용하여 식을 완성하시오.

98 27

17 71 61

$$27 + 71 = 98$$

$$\boxed{71} + \boxed{27} = \boxed{98}$$

일의 자리 수끼리의 합이 8이
되는 두 수를 찾아봅시다.

3 같은 모양은 같은 수, 다른 모양은 다른 수입니다. ◆가 나타내는 수를 구하시오.

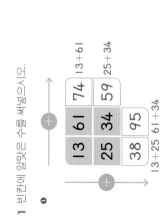

45

369 수 모형 뺄셈

● 그림을 보고 □ 안에 알맞은 수를 써넣으시오.

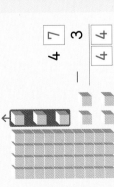

$$4\ 7 - 3 = 4\ 4$$

①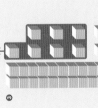

$$3\ 7 - 5 = 3\ 2$$

②

$$5\ 6 - 4 = 5\ 2$$

③

$$2\ 9 - 7 = 2\ 2$$

④

$$3\ 9 - 9 = 3\ 0$$

⑤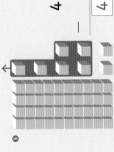

$$4\ 8 - 6 = 4\ 2$$

◆ □ 안에 알맞은 수를 써넣으시오.

$$8\ 5 - 3 = 8\ 2$$

① $3\ 6 - 4 = 3\ 2$

② $6\ 7 - 4 = 6\ 3$

③ $9\ 9 - 4 = 9\ 5$

④ $5\ 5 - 4 = 5\ 1$

⑤ $7\ 8 - 3 = 7\ 5$

⑥ $7\ 8 - 2 = 7\ 6$

⑦ $2\ 7 - 4 = 2\ 3$

⑧ $5\ 9 - 7 = 5\ 2$

⑨ $3\ 6 - 3 = 3\ 3$

⑩ $9\ 8 - 7 = 9\ 1$

⑪ $4\ 5 - 2 = 4\ 3$

370

양과녁셈

● 왼쪽 과녁판의 점수에서 오른쪽 과녁판의 점수를 뺍니다. 점수를 구하시오.

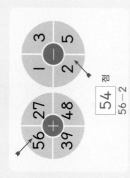

54
56-2

①

62
67-5

② 30

③ 94

⑤ 86

④ 55

● 점수에 맞게 화살이 꽂힐 자리 두 곳에 ×표 하시오.

① 53
56-3

일의 자리 수끼리의 차가 3이 되는 두 수를 찾아봅니다.

③ 64
67-3

일의 자리 수끼리의 차가 2가 되는 두 수를 찾아봅니다.

⑤ 76
78-2

◆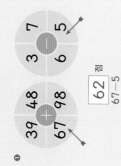

42
47-5

일의 자리 수끼리의 차가 2가 되는 두 수를 찾아봅니다.

②  81
87-6

④ 25
29-4

371 하우스

● 뺄셈을 하여 빈칸에 알맞은 수를 써넣으시오.

① −1
22	21	22−1
37	36	37−1
73	72	73−1

일의 자리 숫자가 1 작아집니다.

② −7
87	80	87−7
68	61	68−7
29	22	29−7

일의 자리 숫자가 7 작아집니다.

③ −3
14	11	14−3
26	23	26−3
48	45	48−3

일의 자리 숫자가 3 작아집니다.

④ −4
79	75
56	52
34	30

⑤ −5
15	10
87	82
36	31

⑥ −2
36	34
99	97
45	43

⑦ −6
57	51
68	62
96	90

⑧ −3
17	14
85	82
46	43

⑨ −8
28	20
49	41
79	71

52

● 빈칸에 알맞은 수를 써넣으시오.

먼저 ○ 안의 수를 구합니다.

⊕ −2
53	51	53−2
19	17
79	77

79−2=77

① −4
39	35
48	44	48−4
87	83	87−4

② −7
47	40	47−7
78	71
69	62	69−7

78−○은 71이므로
○안의 수는 7입니다.

③ −6
99	93
27	21
46	40

19−○=17이므로
○안의 수는 2입니다.

④ −8
88	80
59	51
29	21

39−○=35이므로
○안의 수는 4입니다.

⑤ −5
17	12
48	43
97	92

⑥ −1
96	95
79	78
32	31

⑦ −3
58	55
89	86
14	11

⑧ −2
76	74
37	35
48	46

사고셈 ● 53

5주차

372 큰 차 만들기

● 숫자 카드를 모두 한 번씩 사용하여 뺄셈식을 완성하시오.

| 5 | 3 | 9 |

$9\ 5 - 3 = 92$

❷ | 7 | 9 | 1 |

$9\ 7 - 1 = 96$

❹ | 8 | 2 | 7 |

$8\ 7 - 2 = 85$

❻ | 6 | 3 | 7 |

$7\ 6 - 3 = 73$

❶ | 8 | 7 | 2 |

$8\ 7 - 2 = 85$

❸ | 2 | 5 | 6 |

$6\ 5 - 2 = 63$

❺ | 1 | 6 | 9 |

$9\ 6 - 1 = 95$

❼ | 3 | 4 | 2 |

$4\ 3 - 2 = 41$

● 숫자 카드 중에서 두 장을 골라 가장 큰 두 자리 수를 만들고, 나머지 한 장의 카드로 한 자리 수를 만들 때, 만든 두 수의 차를 구하시오.

가장 큰 차를 만들 때에는 가장 큰 두 자리 수에 서 가장 작은 한 자리 수를 빼면 됩니다.

| 4 | 6 | 3 |

두 수 : 64, 3

두 수의 차 : $64 - 3 = 61$

❶ | 8 | 4 | 5 |

두 수 : 85, 4

두 수의 차 : $85 - 4 = 81$

❸ | 2 | 9 | 5 |

두 수 : 95, 2

두 수의 차 : $95 - 2 = 93$

❺ | 6 | 5 | 4 |

두 수 : 65, 4

두 수의 차 : $65 - 4 = 61$

❷ | 7 | 4 | 1 |

두 수 : 74, 1

두 수의 차 : $74 - 1 = 73$

❹ | 6 | 3 | 9 |

두 수 : 96, 3

두 수의 차 : $96 - 3 = 93$

잘 공부했는지 알아봅시다

1 그림을 보고 □ 안에 알맞은 수를 써넣으시오.

65 − 3 = 62

2 숫자 카드를 한 장씩 모두 사용하여 차가 가장 큰 뺄셈식을 만드시오.

❶ 8 4 1

8 4 − 1 = 83

가장 크지는 가장 큰 두 자리 수에서 가장 작은 한 자리 수를 빼면 됩니다.

❷ 2 9 7

9 7 − 2 = 95

3 왼쪽 과녁판의 점수에서 오른쪽 과녁판의 점수를 뺍니다. 점수에 맞게 화살이 꽂힌 두 곳에 ×표 하시오.

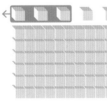

45 44 ╱ 49 46 — 1 6 ╱ 5 3

42 점

45 − 3 = 42

일의 자리 수끼리의 차가 2가 되는 두 수를 찾습니다.

P. 58 ● P. 59

⑥ 주차

373 동전 모형 뺄셈

● □ 안에 알맞은 수를 써넣으시오.

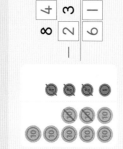

①
$$\begin{array}{r} 7\ 7 \\ -\ 4\ 2 \\ \hline 3\ 5 \end{array}$$

③
$$\begin{array}{r} 8\ 9 \\ -\ 5\ 4 \\ \hline 3\ 5 \end{array}$$

⑤
$$\begin{array}{r} 9\ 4 \\ -\ 3\ 1 \\ \hline 6\ 3 \end{array}$$

②
$$\begin{array}{r} 8\ 4 \\ -\ 2\ 3 \\ \hline 6\ 1 \end{array}$$

④
$$\begin{array}{r} 6\ 8 \\ -\ 1\ 5 \\ \hline 5\ 3 \end{array}$$

⑥
$$\begin{array}{r} 5\ 6 \\ -\ 1\ 4 \\ \hline 4\ 2 \end{array}$$

● 세로셈으로 고쳐 계산하시오.

✚ 44−22＝ 22
$$\begin{array}{r} 4\ 4 \\ -\ 2\ 2 \\ \hline 2\ 2 \end{array}$$

❶ 85−61＝ 24
$$\begin{array}{r} 8\ 5 \\ -\ 6\ 1 \\ \hline 2\ 4 \end{array}$$

❷ 98−55＝ 43
$$\begin{array}{r} 9\ 8 \\ -\ 5\ 5 \\ \hline 4\ 3 \end{array}$$

❸ 37−11＝ 26
$$\begin{array}{r} 3\ 7 \\ -\ 1\ 1 \\ \hline 2\ 6 \end{array}$$

❹ 48−24＝ 24
$$\begin{array}{r} 4\ 8 \\ -\ 2\ 4 \\ \hline 2\ 4 \end{array}$$

❺ 56−13＝ 43
$$\begin{array}{r} 5\ 6 \\ -\ 1\ 3 \\ \hline 4\ 3 \end{array}$$

❻ 39−15＝ 24
$$\begin{array}{r} 3\ 9 \\ -\ 1\ 5 \\ \hline 2\ 4 \end{array}$$

❼ 59−37＝ 22
$$\begin{array}{r} 5\ 9 \\ -\ 3\ 7 \\ \hline 2\ 2 \end{array}$$

❽ 69−26＝ 43
$$\begin{array}{r} 6\ 9 \\ -\ 2\ 6 \\ \hline 4\ 3 \end{array}$$

374 토너먼트셈

● 두 수의 차를 구하여 빈칸에 써넣으시오.

57 34
23
57−34

62 30
32
62−30

76 24
52
76−24

93 70
23

85 14
71

39 26
13

71 20
51

99 87
12

75 13
62

96 42
54

87 65
22

48 31
17

49 39
10

78 51
27

87 22
65

● 아래의 수는 짝지은 두 수의 차입니다. 빈칸에 알맞은 수를 써넣으시오.

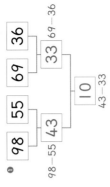

98 55 69 36
43   33   69−36
98−55
10
43−33

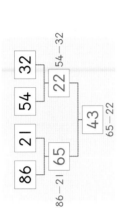

86 21 54 32
65   22   54−32
43
65−22

67 11 75 51
56   24
32

79 15 86 53
64   33
31

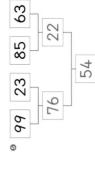

99 23 85 63
76   22
54

88 12 55 44
76   11
65

P. 62 ● P. 63

⑥ 주차

375 잎새 따기

● 계산 결과가 ● 안의 수와 다른 것을 찾아 / 로 잎새를 따시오.

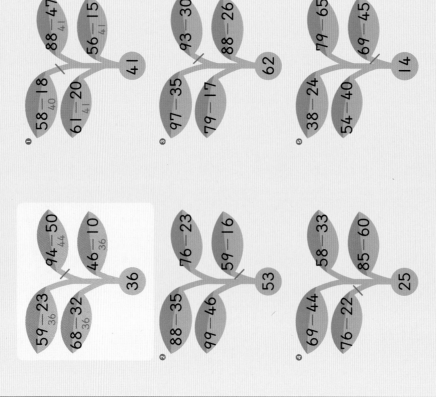

❹ 계산 결과가 다른 하나를 찾아 / 로 잎새를 따시오.

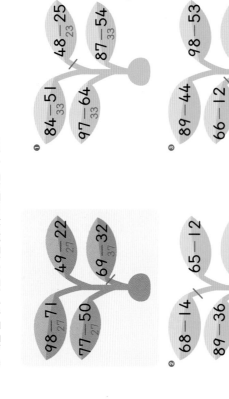

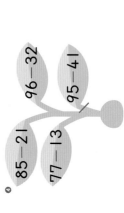

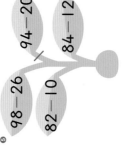

376 숫자 카드 목표수

● 숫자 카드를 한 번씩 사용하여 뺄셈식을 완성하시오.

5	8	3

```
  8 6
-   3 3
  5 3
```

●
4	1	8

```
  9 8
-   4 7
  5 1
```

●
2	6	5

```
  6 7
-   1 2
  5 5
```

●
2	6	8

```
  8 4
-   2 2
  6 2
```

●
5	2	6

```
  8 6
-   5 4
  3 2
```

●
5	3	7

```
  7 5
-   2 3
  5 2
```

●
8	3	2

```
  4 8
-   2 5
  2 3
```

●
8	2	9

```
  9 8
-   1 2
  8 6
```

●
2	1	9

```
  8 9
-   2 8
  6 1
```

● 숫자 카드를 한 번씩 사용하여 여러 가지 뺄셈식을 완성하시오.

1	5
7	6

```
  5 7      6 7      7 6
-   1 6  -   1 5  -   5 1
  4 1      5 2      2 5
```

●
1	9
5	2

```
  5 9      9 5      9 5
-   2 1  -   1 2  -   2 1
  3 8      8 3      7 4
```

●
3	6
4	9

```
  4 9      6 9      9 6
-   3 6  -   3 4  -   3 4
  1 3      3 5      6 2
```

●
6	5
3	2

```
  3 6      6 5      5 6
-   2 5  -   3 2  -   3 2
  1 1      3 3      2 4
```
```
  6 3
-   5 2
  1 1
```
```
  5 6
-   2 3
  3 3
```

6 주차

P. 64 ● P. 65

6 주차

잘 공부했는지 알아봅시다

월 일

1 그림을 보고 □ 안에 알맞은 수를 써넣으시오.

$78 - 5\boxed{3} = 2\boxed{5}$

2 아래의 수는 위 두 수의 차입니다. 빈칸에 알맞은 수를 써넣으시오.

| 96 | 11 | 45 | 23 |

85   22
96-11 45-23

63
85-22

3 숫자 카드를 한 번씩 사용하여 뺄셈식을 완성하시오.

5 8
2 7

```
  8 7        5 8        7 8
- 2 5      - 2 7      - 5 2
  6 2        3 1        2 6
```

66

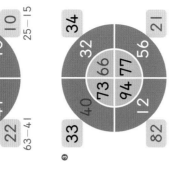
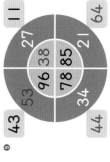

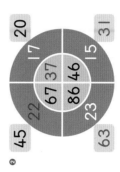
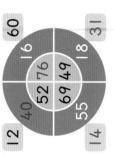

377 원판셈

● 왼쪽 수에서 바깥쪽 수를 빼서 빈칸에 알맞은 수를 써넣으시오.

● 빈칸에 알맞은 수를 써넣으시오.

사고셈 | 정답 및 해설

⑦ 주차

378 계단셈

● 빈칸에 알맞은 수를 써넣으시오.

| | 78 ─12→ 66 ─25→ 41 |
| 78─12 | 66─25 |

② 98 ─13→ 85 ─35→ 50

④ 65 ─21→ 44 ─13→ 31

⑥ 89 ─26→ 63 ─50→ 13

● 빈칸에 알맞은 수를 써넣으시오.

❶ 67 ─11→ 56 ─23→ 33
67─11   56─23

❸ 88 ─37→ 51 ─20→ 31

❺ 77 ─32→ 45 ─23→ 22

❼ 59 ─14→ 45 ─21→ 24

일

● 빈칸에 알맞은 수를 써넣으시오.

② 69 ─17→ 52 ─21→ 31
②69─17=52   ①52─21=31

② 99 ─12→ 87 ─65→ 22

④ 58 ─10→ 48 ─27→ 21

⑥ 87 ─32→ 55 ─25→ 30

❶ 86 ─12→ 74 ─51→ 23
②86─12=74   ①74─51=23

❸ 78 ─31→ 47 ─16→ 31

❺ 96 ─15→ 81 ─11→ 70

❼ 97 ─40→ 57 ─24→ 33

379 뺄셈표

● 뺄셈표의 빈칸에 알맞은 수를 써넣으시오.

−	15	34	41
56	41	22	15
67	52	33	26

❶
−	20	23	36
48	28	25	12
76	56	53	40

❷
−	23	26	14
37	14	11	23
89	66	63	75

❸
−	32	43	57
68	36	25	11
79	47	36	22

❹
−	51	60	73
78	27	18	5
85	34	25	12
94	43	34	21

❺
−	16	20	35
49	33	29	14
56	40	36	21
67	51	47	32

● 뺄셈표의 빈칸에 알맞은 수를 써넣으시오.

월 일

−	13	25	33
45	32	20	12
58	45	33	25

58 − 25 = 33

❶
−	②40	51	③62
①64	24	13	2
88	48	37	26

① 64 − 51 = 13
② 64 − 40 = 24
③ 88 − 62 = 26

순서를 생각하여 해결합니다.
가로줄, 세로줄의 수부터 구합니다.
나머지는 세로줄의 수에서 가로줄의 수를 빼서 구합니다.

❷
−	10	44	25
58	48	14	33
76	66	32	51

❸
−	20	36	44
46	26	10	2
98	78	62	54

❹
−	30	25	11
45	15	20	34
58	28	33	47
65	35	40	54

❺
−	50	61	22
74	24	13	52
83	33	22	61
95	45	34	73

380 벌레셈 문장제

● 벌레셈의 □ 안에 알맞은 수를 써넣으시오.

```
  7 6
- 1 5
─────
  6 1
```

③
```
  7 9
- 3 5
─────
  4 4
```

②
```
  5 6
- 1 2
─────
  4 4
```

①
```
  9 7
- 3 4
─────
  6 3
```

⑤
```
  7 4
- 3 2
─────
  4 2
```

⑤
```
  6 7
- 2 6
─────
  4 1
```

④
```
  9 3
- 4 2
─────
  5 1
```

⑨
```
  8 4
- 3 2
─────
  5 2
```

⑧
```
  9 9
- 7 5
─────
  2 4
```

⑦
```
  7 7
- 2 4
─────
  5 3
```

⑪
```
  6 8
- 1 5
─────
  5 3
```

⑩
```
  7 9
- 5 3
─────
  2 6
```

74

일 월

● 벌레셈을 세우고 두 수를 구하시오.

일의 자리 숫자가 7인 두 자리 수와 십의 자리 숫자가 3인 두 자리 수의 차가 61입니다.

```
  9 7
- 3 6
─────
  6 1      97, 36
```

① 십의 자리 숫자가 3인 두 자리 수에서 일의 자리 숫자가 5인 두 자리 수를 뺐더니 13이 되었습니다.

```
  3 □
- □ 5
─────
  1 3      38, 25
```

② 일의 자리 숫자가 4인 두 자리 수에서 십의 자리 숫자가 2인 두 자리 수를 뺐더니 32가 되었습니다.

```
  □ 4
- 2 □
─────
  3 2      54, 22
```

③ 십의 자리 숫자가 7인 두 자리 수에서 일의 자리 숫자가 1인 두 자리 수를 뺐더니 48이 되었습니다.

```
  7 □
- □ 1
─────
  4 8      79, 31
```

사고셈 ● 75

7 주차

잘 공부했는지 알아봅시다

월   일

1 뺄셈표의 빈칸에 알맞은 수를 써넣으시오.

−	12	26	37
49	37	23	12
97	85	71	60

49−26=23

2 빈칸에 알맞은 수를 써넣으시오.

❶

87
87−14
−14→73
→−31   73−31
42

❷

②69   69−40=29
−40→29   ①29−12=17
→−12   17

3 뺄셈식을 세우고 두 수를 구하시오.

십의 자리 숫자가 **7**인 두 자리 수에서 일의 자리 숫자가 **3**인 두 자리 수를 뺐더니 **13**이 되었습니다.

7□
−□3
1 3

76, 63

8 주차

381 관계셈

● 덧셈식을 보고 뺄셈식을 두 개 만드시오.

① 17+22=39 → 39-17=22 / 39-22=17

② 61+34=95 → 95-34=61 / 95-61=34

③ 43+25=68 → 68-25=43 / 68-43=25

③ 72+17=89 → 89-17=72 / 89-72=17

● 뺄셈식을 보고 덧셈식을 두 개 만드시오.

④ 56-13=43 → 13+43=56 / 43+13=56

⑤ 47-25=22 → 25+22=47 / 22+25=47

④ 89-26=63 → 26+63=89 / 63+26=89

⑤ 98-68=30 → 68+30=98 / 30+68=98

부분 ①과 부분 ②를 더해 전체가 되는 덧셈식은 전체에서 부분 ①을 빼면 부분 ②가 남는 뺄셈식, 부분 ②를 빼면 부분 ①이 남는 뺄셈식을 만들 수 있습니다. 역으로 뺄셈식으로 덧셈식 두 개를 만들 수 있습니다.

● 주어진 수를 사용하여 덧셈식과 뺄셈식을 각각 두 개씩 만드시오.

① 11 27 38
11 + 27 = 38
27 + 11 = 38
38 - 27 = 11
38 - 11 = 27

② 16 23 39
16 + 23 = 39
23 + 16 = 39
39 - 16 = 23
39 - 23 = 16

③ 35 31 66
35 + 31 = 66
31 + 35 = 66
66 - 35 = 31
66 - 31 = 35

④ 27 62 89
27 + 62 = 89
62 + 27 = 89
89 - 27 = 62
89 - 62 = 27

⑤ 20 75 95
20 + 75 = 95
75 + 20 = 95
95 - 20 = 75
95 - 75 = 20

382 대소셈

○ 안에 >, =, <를 알맞게 써넣으시오.

① $44+20$ ⟩ 61
  64

③ $32-12$ ⟩ 19

⑤ $27+11$ ⟩ 36

⑦ $46-31$ ⟨ 16

⑨ $41+45$ = 86

⑩ $65-53$ ⟨ 14

⑫ $35+23$ ⟩ 49

② $48-10$ = 38
  38

④ $42+13$ = 55

⑥ $43-20$ ⟨ 26

⑧ $39+30$ ⟩ 68

⑨ $75-53$ ⟨ 24

⑩ $33+66$ = 99

⑬ $47-25$ ⟩ 21

○ 안에 >, =, <를 알맞게 써넣으시오.

① $58-12$ = $35+11$
  46   46

② $36+20$ ⟨ $78-21$

③ $74-24$ ⟩ $27+22$

④ $14+15$ ⟨ $43-12$

⑤ $96-24$ ⟨ $43+30$

⑩ $27+61$ = $99-11$

⑫ $87-12$ ⟩ $35+30$

① $22+42$ ⟩ $89-31$
  64   58

③ $98-30$ ⟨ $50+19$

⑤ $32+14$ = $77-31$

⑦ $75-20$ ⟩ $31+23$

⑨ $28+11$ = $49-10$

⑩ $76-21$ ⟩ $23+26$

⑬ $33+41$ ⟩ $98-25$

⑧ 주차

383 합차 두 수

● 두 수의 합과 차를 빈칸에 써넣으시오.

74 → 합 53 21 차 → 32
53+21 · 53−21

② 78 → 합 57 21 차 → 36

④ 43 → 합 23 20 차 → 3

⑥ 88 → 합 56 32 차 → 24

⑧ 98 → 합 84 14 차 → 70

⑩ 86 → 합 53 33 차 → 20

① 45 → 합 35 10 차 → 25
35+10 · 35−10

③ 59 → 합 46 13 차 → 33

⑤ 84 → 합 63 21 차 → 42

⑦ 57 → 합 37 20 차 → 17

⑨ 74 → 합 63 11 차 → 52

⑪ 73 → 합 43 30 차 → 13

● 합과 차에 맞게 두 수를 구하여 큰 수부터 차례로 써넣으시오.

49 → 합 37 12 차 → 25
합이 49인 두 수 중에서 차가 25인 두 수를 찾습니다.

② 22 → 합 12 10 차 → 2

④ 98 → 합 58 40 차 → 18

⑥ 67 → 합 55 12 차 → 43

⑧ 27 → 합 14 13 차 → 1

⑩ 72 → 합 41 31 차 → 10

① 65 → 합 44 21 차 → 23
합이 65인 두 수 중에서 차가 23인 두 수를 찾습니다.

③ 47 → 합 34 13 차 → 21

⑤ 84 → 합 43 41 차 → 2

⑦ 92 → 합 62 30 차 → 32

⑨ 38 → 합 25 13 차 → 12

⑪ 54 → 합 43 11 차 → 32

384 숫자 카드 조건

● 숫자 카드를 사용하여 조건에 맞는 식을 만드시오.

❶

조건 만들 수 있는 두 자리 수 중 가장 큰 수와 가장 작은 수의 합

1	2
3	4
5	

```
    5 4
 +  1 2
 ------
    6 6
```

❷

조건 만들 수 있는 두 자리 수 중 가장 큰 수와 가장 작은 수의 차

2	5
7	4
8	

```
    8 7
 -  2 4
 ------
    6 3
```

숫자 카드로 만들 수 있는 가장 큰 두 자리 수는 십의 자리에 가장 큰 숫자, 일의 자리에 두 번째로 큰 숫자가 오면 됩니다. 가장 작은 두 자리 수는 십의 자리에 가장 작은 숫자, 일의 자리에 두 번째로 작은 숫자가 오면 됩니다. 단, 십의 자리에는 0이 올 수 없음에 주의합니다.

● 숫자 카드를 사용하여 조건에 맞는 식을 세우고, 답을 구하시오.

❶

조건 일의 자리 숫자가 4인 가장 큰 수와 십의 자리 숫자가 2인 가장 작은 수의 합

1	6	7	4	2

$$74 + 21 = 95, \quad 95$$

❷

조건 십의 자리 숫자가 3인 가장 큰 수와 일의 자리 숫자가 5인 가장 작은 수의 합

3	5	1	6	2

$$36 + 51 = 87, \quad 87$$

❸

조건 일의 자리 숫자가 4인 가장 큰 수와 십의 자리 숫자가 3인 가장 작은 수의 차

2	4	3	5	8

$$84 - 32 = 52, \quad 52$$

❹

조건 십의 자리 숫자가 7인 가장 큰 수와 일의 자리 숫자가 4인 가장 작은 수의 차

1	6	7	4	9

$$79 - 41 = 38, \quad 38$$

⑧ 주차   P.84 ● P.85

⑧ 주차

잘 공부했는지 알아봅시다

월 일

1 덧셈식을 보고 뺄셈식을 두 개 만드시오.

$$21+32=53$$

$$53-21=32$$
$$53-32=21$$

2 계산 결과가 큰 것부터 차례로 기호를 쓰시오. ㄹ, ㄴ, ㄱ, ㄷ

㉠ 78−24=54 ㉡ 34+25=59
㉢ 70−20=50 ㉣ 26+41=67

3 ○ 안에 >, =, <를 알맞게 써넣으시오.

❶ 36+21 ⟩ 89−35
   57   54

❷ 61−20 ⟩ 10+30
   41   40

4 합과 차에 맞게 두 수를 구하여 큰 수부터 차례로 써넣으시오.

❶ 합 76 45 31 차 14

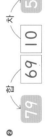

❷ 합 79 69 10 차 59

수학 개념이 쉽고 빠르게 소화되는

월등한개념수학

Eugene Lee 이유진
월등한 개념 수학 모델
이유진
www.nebooks.co.kr ▾

배운 개념을 끊임없이 되짚어주니까
새로운 개념도 쉽게 이해됩니다

수학 개념이 쉽고 빠르게 소화되는 특별한 학습법

· 배운 개념과 배울 개념을 연결하여 소화가 쉬워지는 학습
· 문제의 핵심 용어를 짚어주어 소화가 빨라지는 학습
· 개념북에서 익히고 워크북에서 1:1로 확인하여 완벽하게 소화하는 학습

NE 능률